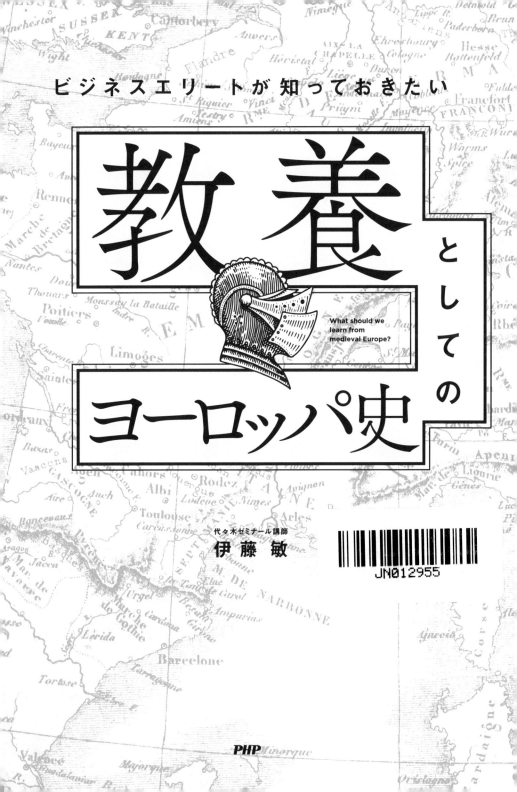

ビジネスエリートが知っておきたい

教養

としての

ヨーロッパ史

What should we
learn from
medieval Europe?

代々木ゼミナール講師
伊藤 敏

JN012955

PHP

はじめに

「ヨーロッパとは何か」。この問いに答えることは、当然ながら容易ではない。ヨーロッパに属する国々は、まさに「多様」の一言に尽きる。地理的な区分では、ヨーロッパは地球全体の陸地面積のおよそ6.8％、総人口は地球全体のおよそ11％を占めるが、この比較的規模の小さい文化圏が、今日に至る世界の歴史に重大な影響を与え続けてきたのである。

　そもそも「ヨーロッパ」という地名は、古代ギリシア神話に登場する女性エウローペーに由来するもので、古代ギリシアの歴史家ヘロドトス（B.C.484頃～B.C.425頃）は著書『歴史（ヒストリアイ）』において、世界をヨーロッパ・アジア・リビアの3つに区分した。しかし、ヘロドトスは「ヨーロッパ」という言葉の指す地域を明確にはしておらず、以降もヨーロッパの指す範囲をめぐり様々な見解が主張された。8世紀後期から9世紀初頭にカール大帝に仕えた学僧アルクィン（735?～804）は、当時のカール大帝の支配領域を指してしばしば「ヨーロッパ」という語を使用した。これは本書で後述するように、必ずしも地理的な範囲によるものではない。

　このように、当事者であるはずの「ヨーロッパ人」ですら、自分たちの文化圏の定義について様々に主張していた。それにもかかわらず、ヨーロッパはひとつの文化圏であろうとし続けた。「ヨーロッパ」というまとまりを、ヨーロッパ諸国は重視してきたのである。16世紀より世界進出を本格化させたヨーロッパ諸国は、19世紀後期に地球上の大半を支配することになった。1900年頃の世界で「列強」という言葉は「ヨーロッパ諸国」とほぼ同義であったと言える。

だが、2度の世界大戦を経て、ヨーロッパが世界を制した時代は終わりを告げ、米ソ冷戦の狭間（はざま）でその影響力の後退は避けられなかった。この情勢を受けて結成されたのが、1952年のヨーロッパ石炭鉄鋼共同体（ECSC）であった。第二次世界大戦の記憶の色褪（あ）せぬ時期に、分断されたドイツも含めた6カ国がヨーロッパ統合に向けて動き出したのである。ヨーロッパ石炭鉄鋼共同体は、1967年の合併（ブリュッセル）条約によりヨーロッパ原子力共同体（EURATOM）とともにヨーロッパ経済共同体（EEC）の執行機関に統合された。機関の吸収統合後は一般にヨーロッパ共同体（EC）として知られる。

　1992年に、ヨーロッパ共同体の加盟国協議によりマーストリヒト条約が署名され、翌93年に発効し、ここに今日のヨーロッパ連合（EU）が発足した。だが、このヨーロッパの道は、決して平坦（へいたん）なものではなかった。マーストリヒト条約について見ると、デンマークでは国民投票の結果、5万票差で批准（ひじゅん）が拒否された。イギリスでも社会政策条項が問題となり、野党の反発に加え下院（庶民院）における与党・保守党の造反議員は半数を数え、ついには当時のメージャー政権が議会の信任を失うまでになった。そのイギリスは、2020年についにEUからの離脱に至った。

　ヨーロッパ統合については、時期尚早であったとの意見も少なくないが、それでもなぜヨーロッパは統合への道を推（お）し進めたのか。もちろん、米ソという超大国や日本などの新興国に対抗する経済圏の役割を期待したのは言うまでもないが、ここで注目すべきは「元来のヨーロッパが単一の文化圏であった」ことである。

　単一の文化圏としてのヨーロッパの起源は中世にあり、20世紀後期に始まる一連のヨーロッパ統合運動は、ヨーロッパ諸国にとっては原点回帰と言える。ヨーロッパ文化圏を考察するにあたり、近代や古代に遡るものは多く見られるが、一方で中世を起点としたものは比較的少ないように思え

る。ヨーロッパ文化圏の直接の根源は中世にあり、中世ヨーロッパを理解することは、ヨーロッパの本質に触れることになる。

　本書は、中世ヨーロッパを軸に、今日のヨーロッパがどのように形成されたのかを概説するものである。まず、中世という時代を俯瞰し、さらにヨーロッパ各国の形成の過程に焦点を当てるものである。本書を一貫する主題は、「分断と統合」である。ヨーロッパは中世の形成期より、分断と統合を繰り返してきた。ヨーロッパ文化圏そのものだけでなく、中世ヨーロッパ各国もまた、分断と統合を交互に経験したのである。

　したがって、マクロの視点（ヨーロッパ）とミクロの視点（各国・地域）の「分断と統合」の過程を比較することで、今日のヨーロッパがどのように醸成されてきたかを概観することが、本書の最大の目的とするものである。ヨーロッパ文化圏はどのように誕生し、今日のヨーロッパ諸国はどのような命運を辿ることになったのか。その分岐点となった決定的な事象が、中世には存在するのである。

教養としてのヨーロッパ史

contents

序章

中世の幕開け
―「ヨーロッパ」の誕生―

第1章

軍事技術に見る中世
―「騎士の時代」はどこまで適切か?―

第2章

フランス
—集権国家の雛形—

第5章

スペイン
―ヨーロッパの縮図―

第6章

中世ロシア国家
―水上交通が育んだ東欧の大国―

第7章

ポーランド
―民主国家と近世の大国への道―

中世の幕開け

―「ヨーロッパ」の誕生―

3つのヨーロッパ

　そもそもヨーロッパ文化圏を理解するためには、現在のヨーロッパをさらに分かつ文化圏について見ていかねばならない。ヨーロッパは3つの文化圏に大別できる。そしてそれら文化圏の境界線として機能するものが、河川である。

　まずヨーロッパ文化圏は東西に分けることができる。西ヨーロッパ文化圏と東ヨーロッパ文化圏だ。東ヨーロッパ文化圏は、大まかに「スラヴ文化圏」と称すことができる。東ヨーロッパで多数派を占める民族がスラヴ民族であり、このスラヴ民族は居住地ごとに独自の文化を育んできた。これについては後述するが、東ヨーロッパは非常に多様な文化を包摂する地域である。一方で、西ヨーロッパ文化圏は、「ゲルマン・ラテン文化圏」とみなすことができる。

　この東西のヨーロッパ文化圏の境界が、エルベ川であった。エルベ川は今日のチェコを源流に、ドイツ東部を流れ北海に注ぐ大河である。ドイツでは、エルベ川の流域はほぼ旧東ドイツ（ドイツ民主共和国）の領域に相当する。エルベ川はまた、中世においてはヨーロッパ世界そのものの境界線、あるいはフロンティアの象徴としての役割を果たしてきた。

　さらに西ヨーロッパ文化圏は南北に分けることができる。北部は「ゲルマン文化圏」、そして南部は「ラテン文化圏」である。ラテンとは古代ロ

序章
中世の幕開け

第1章
中世軍事技術に見る

第2章
フランス

第3章
ドイツ

第4章
スイス

第5章
スペイン

第6章
中世ロシア国家

第7章
ポーランド

第8章
ユーゴスラヴィアの形成

ーマを指す。古代においてローマ帝国（あるいはその起源である都市国家ローマ）を建国した、古イタリア人の一派であるラテン人（ラティウム人）にちなむ名称である。このため、「ローマ文化圏」、あるいは「ロマンス文化圏」とも言い換えることができる。英語などにおける romance という言葉は、元来中世ヨーロッパ世界における公用語であったラテン語に対し、日常語であるロマンス語に起源を持つ。

ロマンス語はラテン語の口語である俗ラテン語という言語が原型であり、これが各地域で土着化し、現在のイタリア語、フランス語、スペイン語、ルーマニア語などに派生した。また、この俗ラテン語（ロマンス語）で、中世における騎士道物語が記されていたことから、後世に「恋愛小説」あるいは恋愛劇一般を指して「ロマンス」とも称されるようになった。

話を戻すと、このロマンス語、つまりラテン語圏の北の境界となるのが、ライン川とドナウ川である。ライン川とドナウ川は、4世紀までローマ帝国の北の国境として機能していた。ラテン文化圏に属するフランス、スペイン、イタリアなどは、いずれもローマ帝国の領土に属するという共通点がある。古代ローマ国家は、イタリア中部の都市国家であったが、前272年までにイタリア半島の統一を果たした。続いて、当時の地中海の大国カルタゴとの戦争を始め（ポエニ戦争、全3回：B.C.264〜B.C.146）、この過程でイベリア半島（現在のスペイン・ポルトガル）支配に着手し、そして前58年より、ガイウス・ユリウス・カエサル（B.C.100〜B.C.44）が7年がかりでガリア（現フランスにあたる）を征服し、地中海沿岸を中心にラテン文化圏の礎（いしずえ）を築いた。

ローマ帝国はしばしば、ゲルマニア（ライン川以東・ドナウ川以北のゲルマン人の居住地をローマ人はこう呼んだ）の征服を試みライン川を越えようとしたが、最終的にその目論見（もくろみ）を充分に達成することはできなかった。その象徴的な出来事が、紀元後9年のトイトブルク森の戦いである。この戦

13

闘では、ローマの遠征軍３個軍団（約２万〜２万5000人）が、ゲルマン人の奇襲に遭い壊滅的な敗北を被った。敗北の報が届いた当時のローマ皇帝、アウグストゥス帝（即位前のオクタウィアヌスという通称でも知られる）の動揺は相当なもので、これ以降のローマ帝国の国境が、ライン川とドナウ川を結んだ線に、事実上固定されることになった。こうしてローマ帝国の北限であったライン川は、今日もヨーロッパ文化圏を二分する境界線として機能し続けているのである。このため、中世より今日まで隣国同士であるフランスとドイツは、ライン川を挟んで東西に位置するという立地から、各々が異なる文化そして国家を維持することになる。

トイトブルク森の戦い（オットー・アルバート・コッホ／デトモルト美術館蔵）

第１次民族大移動＝ゲルマン人の大移動の開始

　ここまでヨーロッパを構成する３つの文化圏とその起源を見てきたが、このような多様な文化が、なぜ「ヨーロッパ」というひとつの文化圏に包摂されるようになったのか。

　そもそも古代という時代において「ヨーロッパ文化圏」あるいは「ヨーロッパ世界」は存在しなかった。古代末期までは、ライン・ドナウ線を境に、南のラテン（ローマ）文化圏と北のゲルマン文化圏が、戦闘や交易、移住などを通じた交流をしながら並存していたのである。この並存関係が

図1　ゲルマン人の諸王国（500年頃）

序章
中世の幕開け

第1章
軍事技術に見る中世

第2章
フランス

第3章
ドイツ

第4章
スイス

第5章
スペイン

第6章
中世ロシア国家

第7章
ポーランド

第8章
ユーゴスラヴィアの形成

ついに終焉（しゅうえん）を迎えたのが４世紀であり、その原因はローマ帝国の崩壊にあった。

　４世紀に、アジアから西進を続けた遊牧民族のフン人がヨーロッパに襲来すると、ゲルマン人の一部族であった西ゴート人は、ドナウ川を南下してローマ帝国へと移住を開始した。これを機にゲルマン人の他の部族も、こぞってローマ帝国への移住を始めることになる。これがゲルマン人の大移動の開始である。この大移動と続く混乱によって、ローマ帝国は大移動開始から20年後の395年に東西に分裂する。しかし、このこと自体は当時のローマ人にとっては、さほど重大とは思われなかった。それまでもロー

マ帝国は、頻繁に分断と統合を繰
り返していたからである。決定的
だったのは、476年に西ローマ帝
国が滅亡したことである。とはい
え、この出来事にしても、西ロー
マ帝国を滅ぼした傭兵隊長オドア
ケルは、あくまで東ローマ（ビザ
ンティン）帝国の権威のもとで、
支配体制を構築する。

　実際、オドアケルの兄弟オノウ
ルフスは東ローマ帝国の有力者で
あり、オドアケルは東ローマ皇帝
とのパイプを活かしながら、西ロ
ーマ帝国時代の統治機構をそのま
ま維持し、自らは国王や皇帝とい
った君主の位に就こうとはしなか

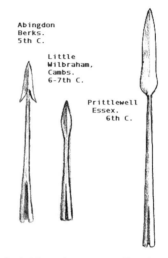

民族移動期のゲルマン人の槍の穂先。左
はアンゴン angon と呼ばれ、捕鯨用の銛
（もり）に由来するという。中央および右
は元首政期ローマの政治家・著述家タキ
トゥスが『ゲルマニア』においてフラメ
ア framea という呼称で言及した槍であ
り、こちらは狩猟具に由来する。

った。オドアケルの支配はイタリア半島に限定されていたが、それでもイ
タリア半島では安定した統治を実現したのである（したがって「オドアケ
ルが西ローマ帝国を滅ぼした」という教科書的な記述は、「西ローマ皇帝位が空
位になった」とみなした方が、実態に即していると言える）。

　しかし、このオドアケルの支配も、やはり東ローマ帝国の意向を受け
た、族長テオドリック率いる東ゴート人の攻撃によって終焉を迎える。イ
タリア半島を中心とするローマ帝国および西ローマ帝国の中央政府は、こ
うして目まぐるしい交代劇を繰り返した。この中央政府の混乱のさなか
に、旧西ローマ帝国領の各地に、ゲルマン人の諸部族は、自身の王国を建
国することになる。しかし、彼らの王国は、その大半が短命に終わる運命
にあった。

なぜゲルマン諸王国は短命であったのか。その理由は、彼らの統治体制にある。まず民族大移動期のゲルマン人は、その多くがキリスト教をすでに受け入れていた。だが、その宗派に問題があった。ローマ帝国で正統（唯一信仰が許された）宗派であるアタナシウス派ではなく、異端とされたアリウス派だったのである。アリウス派はローマ帝国で異端となったことから、ライン川とドナウ川を越え、ゲルマン人に広く布教をし受容された。ゲルマン人の諸王国では、支配層のゲルマン人は圧倒的に少数派であった。しかも、住民であるローマ人（ここでいうローマ人とは、イタリア半島に起源を持つローマ人だけでなく、ローマ帝国全土の「ローマ市民」を指す言葉であり、今日でいえば様々な民族が含まれる）から異端とされたアリウス派を信仰しているのである。一部のゲルマン部族には、アリウス派の信仰を住民に強制しようとすら試みる者もあった。支配層のゲルマン人と、住民のローマ人との対立は、どの王国でも共通となる頭痛の種であった。

　しかしそれ以上の要因が、そもそも、ゲルマン人は有史以来、国家と呼ぶべき機構を形成したことがない、ということである。ここでいう「国家」とは「領域国家」をいう。「領域国家」とは、「官僚制による全国の統治体制が整備された国家」を指す。注意しておきたいのが、この官僚制とは、今日の「依法官僚制」に対し、「家産官僚制」と呼ばれる、前近代における国家運営の制度を指すものであるということである。社会学者のマックス゠ヴェーバーの定義に従えば、前近代の官僚は、支配者や中央政府に従属・隷属して地方を統治する存在である。この地方統治において最大の焦点となるのが「徴税」であり、本書では「官僚」とは「徴税を任務とする役人」、「官僚制」とは「徴税システム自体」を指す言葉として用いる。つまりゲルマン諸王国は、官僚制が未熟あるいは未整備であったため、充分な税収を維持することができず、国家の衰亡を防げなかったことも一因として挙げられる。

　このようにゲルマン諸王国の多くが衰亡を余儀なくされるなか、例外的

序章
中世の幕開け

第1章
中世
重事技術に見る

第2章
フランス

第3章
ドイツ

第4章
スイス

第5章
スペイン

第6章
中世ロシア国家

第7章
ポーランド

第8章
ユーゴスラヴィアの形成

にある王国が、徐々に台頭することになる。それがフランク人のフランク王国である。

フランク王権とローマ教会

　フランク人は、ライン川下流近くに居住するゲルマン人の一派である。その居住域は、今日のオランダ、ベルギー、ドイツの国境にまたがる地域である。「フランク」とは、ローマ人が名付けた他称に過ぎず、実際は部族としての連携は緩やかなものであったらしい。複数の部族からなる政治同盟体、という見解が、今日の学者からは有力視されているようだ。年代記などの史書にも、サリー族、ブルクテリ族、リプアリ族、カットゥアリイ族などの部族が記録されており、5世紀までには後頭部を刈り上げた髪型が広まるなど、部族への帰属意識を形成していたようである。

　そうしたなかで、5世紀末にサリー族の長クローヴィス（位481〜511）が、すべての「フランク」部族を統一し、王として君臨した。これにより、フランク王国が建国されたとみなす。フランク人を統一したクローヴィスは、やはり旧西ローマ領への移動を開始するが、その距離は短いものであった。また、多くのゲルマン諸族と異なり、かつての居住地を放棄せずに移住をしたため、むしろ拡大と言ってもいいかもしれない。これにより、フランク王国もまた、ローマ人を支配することになる。ここで、496年に、クローヴィスはランス司教レミギウスの手により洗礼を受ける。クローヴィスはキリスト教、それもローマ人が正統としたアタナシウス派に改宗したのである。

　クローヴィスが改宗したその意義とは何か。まず、先述のように、ローマ人とゲルマン人の対立を避けられるということが言える。言い換えれば、ゲルマン人がローマ人の協力を仰げる、ということに尽きる。そこで、思い出していただきたいのが「官僚制」である。ゲルマン人はそもそ

序章
中世の幕開け

第1章
中世軍事技術に見る

第2章
フランス

第3章
ドイツ

第4章
スイス

第5章
スペイン

第6章
中世ロシア国家

第7章
ポーランド

第8章
ユーゴスラヴィアの形成

も官僚制を知らず、それはフランク人であっても例外ではない。そこで、クローヴィスが正統派に改宗したことで、ローマ人を官僚として登用できるのである。

とはいえ、ローマ人といえども、誰もが官僚になれるわけではない。とくに前近代であれば、官僚に必須となるのが識字能力である。この条件を満たすのが、旧西ローマ帝国各地の教会の聖職者である。そこでフランク王国では、ラテン語の教養を身につけた聖職者が、官僚制の補助的な役割を果たし、統治機構に協力するのである。

こうしてフランク王国は、決して盤石とは言えないまでも、それでも他のゲルマン諸王国に比べて格段に効果的な地方統治を可能とした。放棄されずに温存された先住地と、官僚制未満の統治機構により、フランク王国は発展を遂げるのである。

一方で、教会においてもこの協力関係は旨みがあった。フランク王国では、他のゲルマン人などの外敵から身を守るための「楯」の役割を教会が果たした。それだけでなく、教会にとってはフランク王国は「剣」でもあった。フランク王国が他のゲルマン諸国と抗争を繰り広げ、勢力圏を拡げ

図2　ローマ教会とフランク王国の関係性

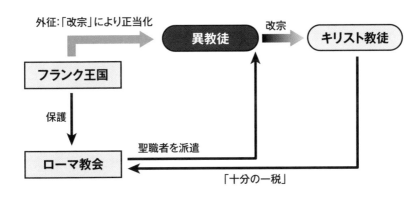

ることが、教会にとってはアタナシウス派（これ以降は「ローマ・カトリック」という表記で統一する）を布教する絶好の機会となる。こうして正統派が勢力を取り戻した地域では、教会は地域の住民に対し課税ができる。いわゆる「十分の一税」である。これは教区の住民は、教会に文字通り、収穫物の十分の一を納入することを義務付けたもので、8世紀前期までに、西ヨーロッパ各地に徐々に定着していくことになる。この「十分の一税」の最終的に行き着く先は、ローマに座すローマ教皇である。フランク王国が勢力を拡大すると、教会にとっても収入増が見込めるのである。こうして、フランク王権と教会、ひいてはローマ教皇との距離が、にわかに縮まり始めるのである。

東西教会の対立

　しかし、フランク王国が一方的に教会の力を必要としていたわけではない。ローマ・カトリック教会、ひいてはローマ教皇もまた、自分たちの保護者たる政治権力を必要としていたのである。3世紀までにローマ帝国全土にキリスト教が広まり、4世紀にキリスト教が公認されたことで、キリスト教は地中海のほぼ全域に信者を獲得するまでになった。これにともない、ローマ帝国の大都市を中心に、大司教座と呼ばれる、複数の教区を束ねる比較的規模の大きい教会が各地に形成されるようになった。当時の大司教座は5つの都市に置かれたため、「五本山」と通称される。

　五本山は、ローマ、コンスタンティノープル、アンティオキア、エルサレム、アレクサンドリアの大司教座を指す。4世紀末にローマ帝国が東西に分裂すると、ローマは西ローマ帝国に属し、残る4大司教座は東ローマ帝国に属した。

　西ローマ帝国の「滅亡」後、ローマ大司教は東ローマ帝国の保護下に入った。6世紀に東ローマ皇帝ユスティニアヌス1世が地中海再統一を成し

序章
中世の幕開け

第1章
軍事技術に見る中世

第2章
フランス

第3章
ドイツ

第4章
スイス

第5章
スペイン

第6章
中世ロシア国家

第7章
ポーランド

第8章
ユーゴスラヴィアの形成

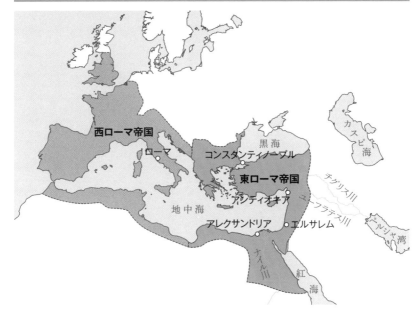

図3　4世紀当時大司教座があった5つの都市

遂げると、ローマは東ローマ帝国の直接支配下に置かれた。しかし、ユスティニアヌスの治世末期より帝国の疲弊が顕著になると、徐々にその支配領域は縮小を始めた。

　7世紀にイスラーム教が勃興すると、東ローマ帝国の領域の多くがイスラーム勢力に奪われ、アンティオキア、エルサレム、アレクサンドリアの3都市がイスラーム勢力の手に渡った。そのため東ローマ帝国では、コンスタンティノープル大司教の地位が相対的に向上した。

　一方で、ローマ大司教は必ずしも東ローマ帝国の保護を歓迎したわけではなかった。5世紀のローマ大司教であったレオ1世（位440〜61）は、451年に東ローマ帝国で主催されたカルケドン公会議において、「自分の声はペテロの声である」とする声明を、使者を通じて表明した。ペテロはイエスの筆頭の弟子（使徒）であり、初代ローマ大司教（ローマ教皇）とみ

なされる人物である。このときの議論はうやむやのうちに終わったが、レオ1世のこの表明を機に、ローマ教会は他教会に対する優越を主張するようになった。

東ローマ皇帝は、ローマ大司教（これ以降は「ローマ教皇」表記に統一）のこの動きを認めず、あるときは東ローマ皇帝の命で教皇が逮捕され流刑にされるという事態にまで発展した。こうしてローマ教皇と東ローマ皇帝および東ローマ帝国下のコンスタンティノープル大司教（これ以降は「コンスタンティノープル総主教」表記に統一）との対立が生じたのである。これをもって、東西教会の対立が始まったとみなす。

ローマとコンスタンティノープルの対立が、より深刻になったのは8世紀のことであった。先述したように、東ローマ帝国は7世紀から、イスラーム勢力と間断のない抗戦を繰り広げていた。そうしたなかで、イスラーム教の偶像崇拝の禁止が、東ローマ帝国でも一部に受容され、各地で聖像破壊運動（イコノクラスム）が発生した。そもそも偶像崇拝の禁止は、キリスト教でも聖典となっている『旧約聖書』の「モーセの十戒」に記されており（実際には偶像に限らず像一般を禁止したもの）、イスラーム教はこれをより厳密に実践しているのである（イスラーム教では『コーラン［クルアーン］』だけでなく、『旧約聖書』の「モーセ五書」「詩篇」と『新約聖書』の「福音書」が啓典として挙げられている）。

これだけが原因というわけではないが、8世紀の東ローマ皇帝レオーン3世（位717〜41）は聖像破壊運動を支持し、726年に聖像禁止令を公布した。聖像とは、神やイエス、聖母マリアに聖人、天使などの姿を表した絵画や像のことである。この聖像禁止令に、ローマ教皇は猛然と抗議した。というのも、600年頃の教皇グレゴリウス1世（位590〜604）より、ローマ教会はゲルマン人への積極的な布教を展開していた。この布教活動で活用していたのが聖像だったのである。このため、聖像禁止令を強要しようとする東ローマ帝国に対し、ローマ教皇は何かしらの対抗手段を模索するよ

うになる。そうしたなかで、支配層が正統派に改宗したフランク王国の存在は、まさに渡りに船といったところであったろう。

　東西教会の対立はその後も解消されず、1054年にはローマ教皇とコンスタンティノープル総主教のいずれもが、互いを破門して正式に分断することになった。これをもって現代では、以降の西方はローマ・カトリック教会、東方はギリシア正教会と、それぞれ通称している。

ゲルマン人のローマ皇帝──「ヨーロッパの父」カール大帝

　このフランク王権とローマ教会との親密さが最高潮に達したのが、カール大帝（シャルルマーニュ、位768〜814）の治世であった。そしてこのカール大帝こそが、ヨーロッパ文化圏の生みの親とも言うべき存在なのである。

　まずカール大帝は、積極的な外征によりフランク王国の支配域を大きく拡げた。その領域は、イベリア半島を除いた、今日の西ヨーロッパのほぼ全域に相当する。カール大帝は新たな支配地に、宮廷から行政官を派遣するか、現地の部族長に統治を委ねる（ゆだ）などして地方統治を試みた。この役職を「伯」（ラテン語でcomesあるいはゲルマン語でGrafio）というが、これは官僚制の整備に相当する。しかし、中央から派遣された伯は、行政・司法・軍事など強力な権限を有したこともあり、各地の伯は次第に自立性を強めていった。

　また、フランク王国に屈服した有力部族長は、「大公」（ラテン語でdux）に任じられ、地方における影響力を保持した例も珍しくはなかった。カール大帝が整備しようとした官僚制は、いまだ未熟と言える状態であった。このため、カール大帝はその生涯を通じて領域を巡行し、地方の統治者との関係を再確認せねばならなかった。したがって、フランク王国には、今日でいう固定された首都は存在せず、各地に宮廷が存在した。一方で、地方の動向を監視するために「巡察使」が派遣され、この役職には

序章　中世の幕開け

第1章　軍事技術に見る中世

第2章　フランス

第3章　ドイツ

第4章　スイス

第5章　スペイン

第6章　中世ロシア国家

第7章　ポーランド

第8章　ユーゴスラヴィアの形成

図4　カール大帝の「西ローマ帝国」

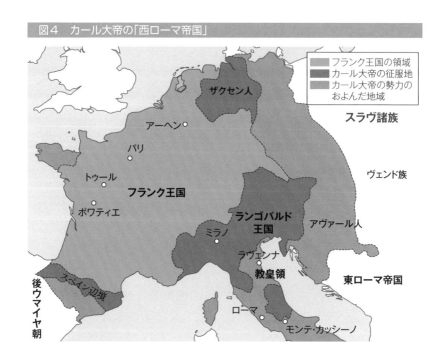

俗人と聖職者が交互に就任することが多かった。

　カール大帝の治世で象徴的な出来事といえば、800年のクリスマスのこ
とである。この年にローマを追放された教皇レオーン3世を支援して彼の
ローマ奪回を扶け、その見返りとして教皇より西ローマ皇帝として戴冠さ
れた。いわば、長らく空位であった西ローマ皇帝にカールが即位したこと
で、西ローマ帝国が「復活」したのである（ただし、当時の東ローマ帝国では
女帝のエイレーネー〈位797〜802〉が在位しており、女帝の存在を認めないロー
マ・カトリック教会はカールを「唯一の」ローマ皇帝として擁立した形になる）。
「西ローマ皇帝」の再登場は、長らく西方に干渉を続けていた東ローマ帝
国の影響を排除することを意味するものでもあった。こうしてカール大帝
はローマ皇帝としての地位を手にしたが、カール大帝の「西ローマ帝国」
は、かつてのローマ帝国とはかなり様相を異にするものであった。

序章
中世の幕開け

第1章
中世

第2章
フランス

第3章
ドイツ

第4章
スイス

第5章
スペイン

第6章
中世ロシア国家

第7章
ポーランド

第8章
ユーゴスラヴィアの形成

顕著な相違点は、ゲルマン人の領域もその支配域に含めていたということである。それまでライン川を挟んでローマ文化圏とゲルマン文化圏に分かれていた西ヨーロッパは、カールの手により初めて政治的に統合された。

しかし、ここで課題となるのが、異質な2つの文化をどのようにつなぎとめておくかということである。その解決策となったのが、やはりキリスト教であった。カールの時代のローマ人とゲルマン人は、キリスト教徒という共通点を有している。キリスト教の布教・改宗といった運動

ザンクト・ガレン修道院所蔵の「黄金詩篇」Psalterium Aureum の挿絵。9世紀後期に制作された『旧約聖書』の一節である「詩篇」のこの写本では、当時のカロリング朝期における戦争の様子が描かれている。兵士はブルニアと呼ばれた鱗状の甲冑を身に着け、槍や弓といった様々な武器を手にしている。左上の兵士のように、馬上で弓を用いる戦闘は、実際の戦場ではまず見られなかったことだろう。

が、異文化をつなぎとめる、いわば糊の役割を果たすことになった。

ここに、「カールの戴冠」によって、キリスト教を紐帯にローマ文化とゲルマン文化が結合した、全く新しい文化圏が出現する。これが「ヨーロッパ文化圏」なのである。したがって、誕生間もないこのヨーロッパ文化圏は、決して地理的な要素で定義されるものではない。異教の地域であっても、キリスト教が布教され、教会がその地に根付けば、ヨーロッパ文化圏に組み込まれる。ヨーロッパ文化圏とは、こうした理念による多文化の結合として広がるものであった。このため、前近代におけるヨーロッパ文化圏とは「キリスト教圏」、より厳密には「ローマ・カトリック圏」と定

義することができる。当時の年代記においても、カール大帝の「西ローマ帝国」がekklesiaと表記されている。これは「教会」あるいは「教会組織」を意味するギリシア語であり、カールの帝国が教会組織によって維持されているという実態を指摘したものと言える。カール大帝の「西ローマ帝国」の実態は、「キリスト教帝国」であったと言うことができよう。

　さて、時代が下って1950年。第二次世界大戦の記憶がまだ薄れぬこの年に、ある提案がなされた。この提案は、大戦で疲弊したヨーロッパ経済の復興のために石炭と鉄鉱石を国際的に共有し、長年にわたるドイツとフランスの対立に終止符を打とうというものであった。この提案は、提唱者の名前をとって「シューマン゠プラン」と呼ばれ、52年にフランス、イタリア、西ドイツ、ベネルクス3国（ベルギー、オランダ、ルクセンブルク）の6カ国がシューマン゠プランを受け容れ、ヨーロッパ石炭鉄鋼共同体（ECSC）が発足した。今日のヨーロッパ連合（EU）の母体である。ECSCは、将来的なヨーロッパ統合の第一歩として、資源の国家間での共有を呼びかけたものである。このECSCの加盟国、言い換えればEUの原加盟国である6カ国の領域は、カール大帝の「西ローマ帝国」と一致する。無論これは意図的なもので、ヨーロッパ統合という理念の先駆を、カール大帝に求めた構想なのである。いわばカール大帝の時代のヨーロッパという原点に立ち戻り、もう一度かつてのようにヨーロッパを統合しようという試みが具体化されたものと言える。このため、今日のヨーロッパにおいても、カール大帝は「ヨーロッパの父」として、EU加盟国において認識されているのである。

「ヨーロッパ」の分断

　カール大帝の手により誕生したヨーロッパ世界は、大帝の孫の代に解体に向かう。カール大帝の三男ルートヴィヒ敬虔帝（位813〜40）が没した直

序章
中世の幕開け

第1章
中世軍事技術に見る

第2章
フランス

第3章
ドイツ

第4章
スイス

第5章
スペイン

第6章
中世ロシア国家

第7章
ポーランド

第8章
ユーゴスラヴィアの形成

後に、相続から内乱が生じた。ルートヴィヒの長男であったロタール1世は、父の生前より共同統治者として戴冠されており、父帝の没後も単独での相続を志向していた。ところが、ルートヴィヒ2世とシャルル2世の2人の弟が反旗を翻した。彼らはフランク人の慣習法である分割相続を楯に、公然と長兄に反発し、ついには841年のフォントノワの戦いで、ロタールは弟2人の連合軍に敗北を喫した。こうして843年に、三者の間でヴェルダン条約が結ばれる。条約の内容は、ロタール、ルートヴィヒ、シャルルの3人をフランク王と認め、三者で領土も分割するというものだった。これにより、ルートヴィヒ2世は帝国の東部を（＝東フランク王国）、シャルル2世は西部を（＝西フランク王国）、ロタール1世は残った中部およびイタリアを手にし（＝中部フランク王国）、ローマ皇帝位を保持した。このとき分割されたフランク王国中部の領域は、ロタールの名にちなみ「ロタリンギア」と称され、今日のフランスの地名ロレーヌ（ドイツ語名ロートリンゲン）の語源となった。

　しかし、ヴェルダン条約は一時的なものに過ぎなかった。855年にロタール1世が没すると、今度はロタールの3人の息子により中部フランク王

図5　フランク王国の分裂

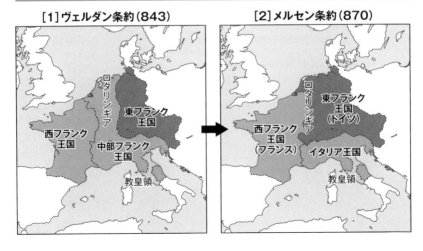

[1]ヴェルダン条約（843）

ロタリンギア
東フランク王国
西フランク王国
中部フランク王国
教皇領

[2]メルセン条約（870）

ロタリンギア
東フランク王国（ドイツ）
西フランク王国（フランス）
イタリア王国
教皇領

国が三分割され、誕生間もないヨーロッパは五分割されてしまう。ロタールの長男ロドヴィコ２世は、弟２人が相次いで亡くなったため単独の支配者となったが、ロドヴィコが南イタリアのバーリに遠征している隙に、叔父のルートヴィヒとシャルルにより中部フランク（ロタリンギア）は分割されてしまった。これが870年のメルセン条約である。この結果、フランク王国は、ルートヴィヒ２世の東フランク王国（ドイツ）、シャルル２世の西フランク王国（フランス）、そしてロドヴィコ２世のイタリア王国に再分割された。このときの３国の境界は、今日のドイツ語、フランス語、イタリア語の言語境界にほぼ合致する。ロタリンギアはさらに、880年のリブモン条約で東フランクがその全域を支配し、のちのアルザス・ロレーヌをめぐる独仏国境対立の起源となる。

第２次民族大移動と中世ヨーロッパ社会の確立

　こうしてフランク王国が分裂にあえぐのとほぼ同時期に、ヨーロッパ世界は外敵の攻撃を受けることとなった。この「外敵」とは、当時のヨーロッパ世界から見た外部勢力であり、「非カトリック圏の異教徒」であるとみなす。当時のヨーロッパ世界は、文字通り東西南北のあらゆる方向から、こうした外敵の攻勢に晒されることになった。この９世紀後期から11世紀半ばにかけての外敵の攻勢を、「第２次民族大移動」と称す。

　第一に東方。東ヨーロッパ平原からアジア系のマジャール人が西進する。マジャール人は騎馬遊牧民であり、９世紀にヨーロッパに到来し、ドナウ河畔のパンノニア平原に拠点を築いた。パンノニアは草原地帯が広がり、この地はマジャール人にとって、騎馬の遊牧に適した牧草地帯となった。マジャール人はこのパンノニアを拠点に、西ヨーロッパ各地に襲撃を繰り返した。騎馬の機動力を活かしたその襲撃はまさに神出鬼没と言えるもので、一番遠くは大西洋にまで至ったという。このマジャール人の襲撃

を最も頻繁に受けたのが、西隣に位置する東フランク王国であった。955年、東フランク王オットー1世率いる軍にレヒフェルトの戦いで大敗したことで、マジャール人の襲撃は終焉を迎えた。これによりマジャール人の定住が本格化し、1000年にはイシュトヴァーン1世が教皇より王冠を授かり、ハンガリー王国が成立する。

第二は南方・西方から進出するイスラーム勢力である。イスラーム世界でも、9世紀後期のアッバース朝の衰退にともない、地方勢力が自立を強め分断状態にあった。こうした地方勢力のうち、チュニジアを拠点としたアグラブ朝は、植民を目的とした一連の外征を展開した。827年にはシチリア島への遠征に着手し、この地にイスラーム国家であるシチリア首長国Emirate of Sicilyを建国した。この国の命脈は、11世紀まで維持されることになる。南イタリアや南フランスにも盛んに遠征を繰り返したイスラーム勢力は、ガリリャーノ河口やフラクシネトゥムに軍事拠点を築いた。さらに8世紀半ばに成立したイベリア半島の後ウマイヤ朝も、10世紀のアブド・アッラフマーン3世の治世で全盛し、イベリア半島のほぼ全土を平定して半島北部のキリスト教諸国を圧倒した。

また、イスラーム世界は当時のビザンティン帝国と並んで非常に先進的な文化を擁し、後ウマイヤ朝の首都コルドバの人口は50万人を下らなかったとされる（西ヨーロッパ随一の都市とされたパリは、14世紀初頭にようやく人口が20万人を超えた）。

第三が、北方より襲来するノルマン人であり、彼らはヨーロッパの至るところに進出を繰り広げた。このノルマン人の手により、各地に新興国が相次いで成立することとなる。ノルマン人は「ヴァイキング」という別名でも知られ、彼らはゲルマン人の一派であり、その居住地はユトランド半島やスカンディナヴィア半島、すなわち今日「北欧」と称される一帯である。ノルマン人は大きく3つの集団に分かれ、ユトランド半島のデーン人、スカンディナヴィア西部のノール人、そしてスカンディナヴィア東部

序章　中世の幕開け

第1章　中世　軍事技術に見る

第2章　フランス

第3章　ドイツ

第4章　スイス

第5章　スペイン

第6章　中世ロシア国家

第7章　ポーランド

第8章　ユーゴスラヴィアの形成

のスウェード人である。彼らはのちに、自らの居住地にそれぞれ、デンマーク王国、ノルウェー王国、スウェーデン王国を建国する。ノルマン人は優れた造船技術や航海技術を駆使し、ヨーロッパ各地を荒らしまわった。

　なかでも襲撃がとりわけ激しかったのがフランスとイングランドであり、アングロ・サクソン人のイングランドではデーン人による度重なる襲撃が相次ぎ、865年ないし866年に大異教軍 the Great Heathen Army と呼ばれるノルマン人の大規模な遠征軍の襲撃を受け、イングランドのほぼ全土が占領された。11世紀にはデンマーク王スヴェン1世双叉髭王（位985頃～1014）による再度の攻撃でイングランドが征服され、その息子クヌート1世（大王、位1016～35）はイングランド王、デンマーク王およびノルウェー王も兼ね、「北海帝国」と呼ばれる広大な領域が現出した。

　フランスでは885～86年にかけてパリがノルマン人に包囲され、この包囲は当時の東フランク王カール3世肥満王（位876～87）がノルマン人に貢納金を支払うことでようやく解かれた。それでもノルマン人の襲撃は止まず、10世紀には西フランク王シャルル3世単純王（位893～923）は、ノルマン人の首長ロロ（フロールヴ、860頃～933）とサン・クレール・シュル・エプト協定（911）を結んだ。この協定では、ロロ率いるノルマン人の一派に北フランスでの居住地が与えられ、代わりにロロはシャルル王に臣従を誓うというものである。こうして、北フランスにノルマン人の諸公国であるノルマンディー公国が成立した。ロロの子孫であったノルマンディー公ギヨーム2世はイングランドに侵攻、1066年にヘースティングズの戦いでアングロ・サクソン軍に勝利し、イングランド王に即位した。これ以降はウィリアム1世（ギヨームはフランス語発音、位1066～87）としてイングランド王位も兼ね、今日に至るイギリス王室の始祖となった。

　さらに、ノルマンディー公国の騎士ロベール・ギスカールとルッジェーロの兄弟は、傭兵として南イタリアに進出し、11世紀末までに南イタリアで独立勢力を築くまでになった。1130年にはルッジェーロの子ルッジェー

ロ2世（位1130〜54）が教皇より王位を承認され、シチリア王国が成立する。

　一方でノルマン人は、襲撃や略奪のみを生業（なりわい）とする集団ではなかった。そもそもノルマン人の別名であるヴァイキングViking とは、古ノルド語の vik を語源としており、この vik は「入り江」を意味する。ここでいう入り江とは、北欧で見られるフィヨルドを指し、フィヨルドの複雑な地形は、沖合の嵐から船を避難させるのに好都合であったため、港が形成される傾向にあった。このためヴァイキングとは「港の人」を意味するに等しく、「商人」や「交易

『聖エドマンドの生涯』より。12世紀にイングランドで作成されたこの写本には、9世紀にイングランドを襲撃した「骨なし」イーヴァルらの率いるヴァイキング（「大異教軍」）の船団が描かれている。

民」となる。実際、故地では漁民ないし農民として暮らしていたノルマン人であるが、彼らは商人として広範囲で商取引に従事していた。

　9世紀にノルマン人の一派とされる「ルーシ」という集団が、バルト海を渡り東ヨーロッパに進出した。彼らの首長であったリューリク（ルーリック、位864〜79）は、現地のスラヴ人の求めに応じて支配者となり、ノヴゴロドという拠点を得た。リューリクの子（異説もある）イーゴリを擁して指導者となった弟（とされる）のオレーグは、ノヴゴロドより拠点を南のキエフに移した。これをもって、キエフ・ルーシ（キエフ公国）が成立する。キエフ・ルーシは今日のロシア国家の起源というべきもので、ルー

序章
中世の幕開け

第1章
中世
軍事技術に見る

第2章
フランス

第3章
ドイツ

第4章
スイス

第5章
スペイン

第6章
中世ロシア国家

第7章
ポーランド

第8章
ユーゴスラヴィアの形成

図6　第2次民族大移動期のヨーロッパ（9～10世紀）

シは今日の「ロシア」という国名の語源となった。

　彼らはドニエプル（ドニプロ）川という大河を利用して、バルト海と黒海を結ぶ交易路を確立した。つまり彼らの本来の故地である北欧と、黒海の南に位置する東ローマ帝国（当時は地中海で最も先進的な文化を擁する国のひとつであった）との交易を促すものである。これは「ヴァリャーグからギリシアへの道」と呼ばれ（ヴァリャーグとは東スラヴ人によるルーシの呼称）、この交易路上に位置したキエフ・ルーシは、中継貿易で繁栄することとなる。

　さて、この第2次民族大移動により、ヨーロッパにもたらされた変化とは何か。第2次民族大移動では、ヨーロッパの様々な地域が外敵の襲撃に

悩まされた。重要なのは、これらの襲撃に対し、カロリング朝の支配層がなんら対抗できなかったということである。なかでも地方領主は、中央からの軍事支援が得られないことで、自衛の手段を講じる必要に迫られた。まずは、領主の館の防備を固めることである。防備といっても、当時においては館の周囲に堀を設け、さらに木製の柵で囲うという、いたって簡素なものである。後世にはこの木製の城郭が次第に石造にとって代わり、「城」と呼ばれるようになる。これら要塞化された館は、ラテン語で砦を意味するカステルム castellum と呼ばれ、英語の castle の語源となる。

　次は、領主自身が武装をする。ここで特筆すべき「武装」が馬である。カロリング朝では騎兵を中心とする軍が編成され、また騎兵の維持のため小領主層の育成に注力したこともあり、領主らは騎馬戦士となって戦うことが一般化する。さらにマジャール人の手により、馬具の鐙がヨーロッパにもたらされたことで、騎馬戦闘がヨーロッパに定着するようになった。こうして領主たちは、自らが武装して戦う戦士、すなわち「騎士」となって領地を自衛するのである（領主自身だけでなく、従者なども従えた小規模な自衛団を構成する）。

　このように自衛を講じて、かつ外敵の襲撃から生き延びた領主らは、もはや王権による保護を必要としなくなる。

　そこで国王は、地方の領主らと契約を結び、その上で君臣関係を再構築する。まず、国王は領主の土地を保護する。といっても、実際に軍事的な保護を与えるというより、領主の所有権を保障するといった方が実態に近い。権利を認める、という意味では、中世日本における「安堵」に近似しているとも言える。これは古代ローマにおける恩貸地制という土地制度に由来する慣習である。一方で、領主はその見返りとして、君主に軍役奉仕を誓う。こちらは、ゲルマン人に由来する従士制という慣習に由来する。こうして、土地を媒介に契約および君臣関係が規定され、これが封建制と

序章　中世の幕開け
第1章　軍事技術に見る中世
第2章　フランス
第3章　ドイツ
第4章　スイス
第5章　スペイン
第6章　中世ロシア国家
第7章　ポーランド
第8章　ユーゴスラヴィアの形成

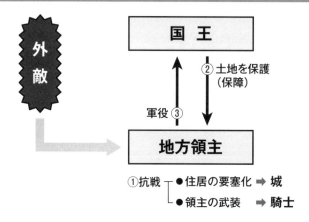

図7　第2次民族大移動後の社会変化

呼ばれる社会制度を形成するのである。

　この封建制は、体面としては君臣関係を確保したとはいえ、現実においては地方領主の自主性が高いことに違いはなく、中世は地方分権の性格が非常に強い社会であったと言える。領主は荘園と呼ばれる私有地で様々な特権を有し、領主同士で対立が生じると、領主同士での武力闘争（私闘Fehde）による解決が好まれ、王権による仲裁も効果はほとんどなかった。このため、中世において、一部例外を除き王権は概して脆弱であり、王権はこうした領主との抗争に多くの時間を費やすことになる。

　以上を総括すると、第2次民族大移動の結果、中世は地方領主が割拠し、地方分権の性格が強い社会が形成されたのである。ここに、中世ヨーロッパ社会の核となる、ローマ・カトリック教会と地方分権という2大要素が確立したことになる。中世ヨーロッパは、地域の差はあれど、この2大要素を普遍的な社会基盤としながら、それぞれの道を歩むことになるのである。

第1章

軍事技術に見る中世

─「騎士の時代」はどこまで適切か？─

　中世ヨーロッパは一般に「騎士の時代」と称されるが、この表現には中世ヨーロッパ史を見る上での様々な問題が包含されている。「中世ヨーロッパは騎士が支配的であった」「中世ヨーロッパの戦場は騎士が花形であった」といった言説が時折散見されるが、これらは史実の一面を反映してはいるものの、その本質を捉えたものであるとは言い難い。従来の概説書などは、「社会階層としての騎士の考察」と「軍事的役割から見る騎士の考察」のいずれかの観点から書かれたものが大半を占めるため、ここでは両方の観点を取り入れながら騎士という存在を捉え直す必要があるものと考える。

　本章ではこの問題に対し、「軍事史」という観点を中心に述べることとする。ここでいう「軍事史」とは、軍事という分野を出発点とし、社会制度などに敷衍して考察を試みるものである。中世ヨーロッパ社会を考察するにあたっては、そもそも古代から続く西洋世界の社会的伝統から見ていく必要がある。この点では、純粋な社会史的な観点に加えて軍事史、なかでも軍事技術と軍制を交えた考察により、より深い理解を得ることができる。

　古代ヨーロッパ世界では軍事に立脚した社会制度が維持されており、これが中世ヨーロッパ社会においても様々な影響を与えている。したがって、本章ではまず古代から続く軍事・社会制度を振り返り、中世ヨーロッパ社会ひいては西洋文明の根幹を明らかにしようというものである。

市民皆兵制の成立──「西洋の伝統」の起点

　ヨーロッパを含めた西洋世界に広く見られた社会的伝統とは、市民皆兵制という社会制度である。市民皆兵制は、字義通りには「市民が全員兵となる」ことである。これは逆に言えば「兵となることが市民の条件である」とみなすことができ、実際に古代より西洋世界では、軍役が市民の条件とされた。

　市民皆兵制の歴史的背景を遡ると、古代ギリシア・ローマおよびゲルマン社会にその起源を見出すことができる。古代ギリシアでは紀元前8世紀頃よりポリスと呼ばれた都市国家が各地で形成されたが、これらのポリスでは往々にして「民会」と呼ばれる住民集会が開かれた。この民会は「全市民が参加する直接民主政による集会」と説明されることが多いが、ここで注意すべきは、参加できるのは「全市民」であって「全住民」ではないということである。

　ここでいう「市民」とは「民会への参加資格を有する住民」を意味する。そもそも歴史学あるいは西洋世界で「市民」といえば英語の citizen にあたる各国語の訳語を指し、これは「国政に参与する権利のある住民」を意味する。いわば市民とは、「参政権を有する住民」のことなのである。

　ギリシアのポリスでは、民会に参加できることが参政権に相当するが、その条件とされたのが軍役である。とくに成立期のポリス社会では、ポリスが武装を支給できず、武装は各員の自弁が求められた。そもそも古代ギリシア・ローマでは、政治参加は自らが労働の必要がない富裕層が注力するものとされ、いわゆる「政治家」は無給での奉仕が常識とされた。

　このため、ポリス黎明期に参政権を手にした市民はごく限られた資産家などにとどまり、これらの資産家は次第に「貴族」と呼ばれ、各ポリスで寡頭制を築いた。しかし、次第に商工業の活性化にともない平民が富裕化すると、彼らもまた武装が自弁できるようになり軍役に参加するようにな

る。平民たちは鎧兜に槍・剣と楯で武装し、重装歩兵 Hoplites と呼ばれた。さらに平民たちは、重装歩兵の弱点となる右半身の防御を補完するため、ファランクス Phalanx という密集方陣を発明した。ファランクスは楯を持った重装歩兵が密集するという単純な戦法ながら、攻防が一体化した隊形であるためすぐさま普及した。ファランクスの要は何といっても楯であり、そもそも重装歩兵を意味する Hoplites は楯を意味する hoplon を語源としている（楯を捨てて戦場から逃亡した者は共同体を追放されるなど厳罰が科されることが多かった）。平民は重装歩兵およびファランクスの発明により、ポリスにおける軍事力の中核となり、その結果アテナイ（アテネ）などのポリスでは参政権の門戸が開かれるようになる。

　同様の社会制度は、ローマやゲルマン人においても広く見られた。ローマでもギリシアに倣って重装歩兵が導入され、貴族（ラテン語で patricii）と平民（ラテン語で plebs）の間で政治闘争に発展した。ゲルマン人の間でも民会が開かれ、その参加資格は長老の扈従として軍役が求められた。これを従士制という。古代ゲルマン社会において、王や族長といった存在は必ずしも絶対的な権限を有していたわけではなく、あくまで民会の主宰者であり、戦場では指揮官としての能力ないしカリスマ性が求められた。

　ゲルマン人の「民会」という呼称は、タキトゥスなどローマ人により名付けられた名称だが、その役割に根本的な違いはほぼない。そもそも古代のポリスやゲルマン社会は部族社会の枠を超えるものではなく、両者に共通する社会制度が根付いたとしても不思議ではない。

　この古代に起源を持つ市民皆兵制の伝統は、ヴィクター・ディヴィス・ハンスンなどの研究者からは「西洋の伝統（Western Tradition）」と呼ばれ、現代まで継承される社会制度の根幹として認識されている。西洋世界ではその後も参政権の条件として軍役が要求され、近代以降では徴兵制や女性参政権の施行にも少なからず影響を与えていると言える。しかし、ローマではこの伝統は一旦途絶することになる。

序章　中世の幕開け

第1章　中世　軍事技術に見る

第2章　フランス

第3章　ドイツ

第4章　スイス

第5章　スペイン

第6章　中世ロシア国家

第7章　ポーランド

第8章　の形成　ユーゴスラヴィア

古代ローマでも、市民の武装自弁の原則に基づく重装歩兵を核とする市民皆兵制が敷かれたが、ポエニ戦争（B.C.264〜B.C.146）での戦勝で「属州」provincia と呼ばれる海外領を手にすると、この属州産の安価な農産物が流入し、市民層の没落を招いた。

ローマの市民の中核となるのは中小農民であり、すでに長期の遠征により疲弊が進んでいた市民たちは、この属州産の作物の流入でさらに窮乏することになる。こうして市民らは自身の土地を放棄し、無産市民（ラテン語でプロレタリウス proletarius）となっ

『マシェジョースキ聖書（モルガン聖書）』の戦闘場面。13世紀に作成されたこの聖書の写本には、中世盛期の戦闘が、正確かつ詳細に描写されている。馬上の騎士の武装はまちまちで、共通するのは鎖帷子（くさりかたびら）hauberk とその上から羽織られた外衣 surcoat である。鎖帷子は14世紀に本格的な板金（ばんきん）鎧 plate mail が登場してもなお、中世を通じて主要な甲冑であり続けた。

た。無産市民らは、市民としての最低限の権利である「パンとサーカス（食料と娯楽）」を求めてローマにこぞって上京した。

しかし、無産市民の増加はローマにおける武装可能な人員の減少、すなわち重装歩兵戦力の縮小にほかならず、このためローマでは紀元前2世紀より内憂外患の混乱期を迎える。それによりローマでは、次第に無産市民に国家（実際は有力な元老院議員ないし将軍）が武装・俸給を提供する職業軍人制が慣例として定着した。これを受け、ガイウス・マリウスによる、いわゆる軍制改革により、職業軍人は市民兵に代わる戦力として正式に制度化される。この職業軍人の登場により、市民の参政権の条件は金納とな

序 章
中世の幕開け

第1章
中世 軍事技術に見る

第2章
フランス

第3章
ドイツ

第4章
スイス

第5章
スペイン

第6章
中世ロシア国家

第7章
ポーランド

第8章
の形成 ユーゴスラヴィア

り、ローマにおける市民皆兵制は事実上終焉する。とはいえ、市民皆兵の伝統への回帰を求める声は多く、『ゲルマニア』において古代ゲルマン人の習俗を記録したタキトゥスも、ローマと異なり古来の伝統を保っているゲルマン社会を称賛している。

　一方で、無産市民らが放棄した土地は富裕層が買い占め、奴隷制に立脚した大土地所有制が各地で経営された。これをラティフンディアlatifundia という。帝政期になると、こうした富裕層が郊外に邸宅 villa を構えて自給自足の生活を送り、中世に入って領主の原型となるものもあった。

　ともあれ、古代ギリシアやゲルマン社会に起源を持つ、市民皆兵制の伝統、かいつまんで言えば、軍役の見返りに参政権（市民権）が付与されるという社会的伝統が、何らかの形で中世まで維持されたのである。しかし、中世という時代においては、これとは異なる戦力が台頭する。それが騎馬戦力である。

初期中世における戦闘——騎馬戦力という問題

　中世ヨーロッパの軍事史で必ずと言っていいほど議論になるのが、騎馬戦力の問題である。中世ヨーロッパは騎士と呼ばれた騎馬戦力が活躍した時代であるが、これが中世のどの時期で確立したかをめぐり、様々な議論がなされている。その際に決まって言及されるのが「騎乗」をめぐるものである。

　元来、ヨーロッパは「歩兵文明」と呼ぶべき軍事文化に属しており、これは市民皆兵制の伝統と結びついて古代において定着した。一般的な解釈では、中世後期に火砲が実用化され騎士を中心とする騎馬戦力の軍事的役割が衰退し、歩兵が再び戦場で台頭したものとされる。近代以降は歩兵戦闘が戦場の中核となったことは言うまでもないが、振り返ってみると、中

世における騎馬戦力の台頭は、ヨーロッパの軍事的伝統においては異質の時代という見方もできる。

　また、前近代ヨーロッパは農耕民に社会・経済基盤を置いており、モンゴル人のような騎馬遊牧民ではない。騎馬遊牧民は優秀な騎馬戦力を古代より擁しているが、農耕民であるヨーロッパ人が騎馬戦力を戦闘の主体として導入したという事例はいささか奇異にも思える。この農耕民の「騎乗」をめぐる問題について、以降では中心に扱うものとする。

「騎乗」の問題点

　騎馬戦力をめぐる最大の問題点は、馬具の発達との関係から論じられることが多い。現代においても馬に乗る（騎乗する）には、騎手は馬具の補助を必要とする場合が多い。鞍（くら）、手綱、衝（ハミ）、勒（ろく）などがその代表であるが、それにも増して議論を呼ぶのが「鐙（あぶみ）」である。鐙は鞍から吊り下げられ、騎手の足をかけることで騎乗時の姿勢を安定させるものである。2000年頃までの通説は、鐙が発明されていなかった古代においては、騎馬戦力は充分な実力を発揮できず、中世においてその真価を開花させた、というものであった。

　しかし、古代史においても騎馬戦力を用いた様々な文明が強力な軍事力を有していたのも事実である。その好例がスキタイであり、彼らは記録上最古の遊牧民のひとつで、馬上で弓矢や

ラシードゥッディーンの『集史』における細密画より、13〜14世紀のモンゴル騎馬兵による戦闘場面。遊牧民にとって馬上で弓を用いる騎射は、古来ごく一般的な戦法であった。

序章
中世の幕開け

第1章
中世
軍事技術に見る

第2章
フランス

第3章
ドイツ

第4章
スイス

第5章
スペイン

第6章
中世ロシア国家

第7章
ポーランド

第8章
の形成
ユーゴスラヴィア

槍、刀剣などを用いて戦闘に臨んだことはよく知られている。「スキタイ」と呼ばれた民族のうち、遊牧スキタイと王族スキタイは部族民のほとんどが騎乗して戦ったことが記録され、実際に彼らの遺跡や墳墓からは馬具や武器も出土している。同様に、古代世界で最も優秀な騎馬兵とされる北アフリカのヌミディア人は、馬具をほとんど用いず、裸馬に跨って戦闘に臨んでいたとされる。こうした遊牧民の騎馬戦力は、必ずしも馬具を必要としないことも往々にして見られる。

　古代における騎馬戦力のもうひとつの例が、マケドニアのアレクサンドロス3世（大王、位 B.C.336〜B.C.323）が率いた騎兵団である。ギリシア人の一派であるマケドニア人は、非遊牧民に出自を持つにもかかわらず、騎馬戦力を主力とした強力な軍隊を擁した。これらの騎兵は手綱や勒以外に馬具を身に着けておらず、鐙はおろか鞍さえない。このマケドニア騎兵は馬上で長大な槍を用いた突撃戦法を採用していたことが知られ、どのようにして彼らが馬上での姿勢を安定させていたかに関しては、議論に決着を見ていない。古代軍事史上における最大の謎のひとつと言えるだろう（この点に関しては、そもそも騎馬戦闘において鐙の役割を過大に評価しているに過ぎないという指摘もある）。

　古代西洋世界の騎馬戦力で有名な3つ目の例はローマ騎兵であるが、ローマ人自身が騎乗して戦ったのは共和政後期までであり、以降は異民族からなる支援軍 auxilia の騎兵 ala がその主力とされた。このローマ騎兵も、従来は鐙がないことから充分な戦力になりえないとされたが、2000年代よりローマ軍の鞍が再現され、これは騎手の腰を固定し、馬上での姿勢を安定させるものであった。これにより、騎手は槍や剣といった武器を効果的に振るうことが可能であったと結論付けられている。しかし、このローマ騎兵の騎乗技術は民族大移動期の混乱の中で失われ、ヨーロッパでは騎馬戦力はしばらく下火となる。

ローマの騎乗技術が下火となった理由は、ひとつにそもそもローマはその歴史を通じて歩兵戦力に重きを置いていたこと、もうひとつは第1次民族大移動を起こしたゲルマン人も歩兵を主体とした民族であったことである。古代のゲルマン人の一部は騎馬戦力として戦っていたようであり、カエサルの『ガリア戦記』ではゲルマン人の騎兵がローマ軍で活躍していた様子が記述され、また帝政期にはガリア人やゲルマン人から選抜された皇帝近衛騎兵隊 Equites Singulares が組織されていたことが知られる。しかし、こうした事例はあくまで例外的なものであり、多くの場合ゲルマン人の戦闘は歩兵戦が支配的であった。

ゲルマン人と騎馬戦力

　第1次民族大移動、いわゆるゲルマン人の大移動により旧西ローマ領の各地にゲルマン王国が形成されるが、ここでも主力となったのは歩兵であった。しかし、例外的に騎馬戦力を重視していた勢力もある。例えばゴート族は、黒海北岸の草原地帯を故地としており、この地は馬の飼育が盛んであったことから騎馬戦力が用いられた。また、6世紀にイタリアに建国されたランゴバルド王国は、ゲルマン諸国のなかでも騎馬戦力の占める割合が最も大きく、君主の近衛隊 Gasindii を中心に優秀な騎馬戦力を擁していたようである。

　6世紀末より台頭が始まったフランク王国では、初期の戦力はやはり歩兵に依存したものであった。騎馬戦力が採用される「転機」とされるのが、イスラーム勢力の侵攻である。8世紀初頭にイベリア半島に上陸して西ゴート王国を滅ぼしたウマイヤ朝が、ピレネー山脈を越えてフランク王国に攻め込んだのである。このウマイヤ軍は、アブドゥッラフマーン・アルガーフィキーに率いられたベルベル人を主力とする騎兵団であり、南フランス一帯を荒らしまわり、ついに北フランスへの進撃に移ったのであ

る。

　これに対し、フランク王国は宮宰カール・マルテル（位714〜41）が軍を率い、732年にトゥール・ポワティエ間の戦いでウマイヤ軍を撃退した。アブドゥッラフマーンは戦死し、ウマイヤ軍は撤退を開始した。

　この戦闘は必ずしもイスラーム勢力に打撃を与えたものではないが、フランク王国ではカール・マルテルとカロリング家の求心力を高める結果となり、子のピピン３世（小ピピン）や孫のカール大帝に至るカロリング朝の礎が築かれた。カール・マルテルはトゥール・ポワティエ間の戦いの後に、騎馬戦力の重要性を認識し、騎馬戦力の拡充を図るべく国制改革に着手したと一般に言われる。しかし、フランク王国では南フランスのセプティマニアなどで西ゴート時代の遺制により騎馬戦力が維持されるなど、すでに相応の割合で騎馬戦力を抱えていたことになる。

　そもそもトゥール・ポワティエ間の戦い自体が、騎兵に対する歩兵の勝利というべきものであり、取り立てて騎馬戦力への認識が変化したとは考えにくい。とはいえ、フランク王国ではカロリング朝への王朝交替期を通じて騎馬戦力が漸次的に拡充されていたのは事実である。しかし、これをもってしても「フランク王国において騎馬戦力が主力となった」とは限らないのである。

騎乗歩兵とmen-at-arms

　ここまで本書では一貫して「騎馬戦力」という言葉を用い、騎兵という表現を避けてきた。その意図はヨーロッパにおける「騎兵」の運用にある。通常「騎兵」といえば、馬に乗ったまま戦闘に従事する戦士ないし兵士を連想するであろうが、ヨーロッパの騎馬戦力は、「歩兵の運搬手段」としての運用も多く見られるためである。

「歩兵の運搬手段」としての騎兵は「騎乗歩兵」mounted infantryと欧

序章　中世の幕開け

第1章　軍事技術に見る中世

第2章　フランス

第3章　ドイツ

第4章　スイス

第5章　スペイン

第6章　中世ロシア国家

第7章　ポーランド

第8章　ユーゴスラヴィアの形成

米史学では総称されるが、これは古代ギリシアからすでに見られるもので あった。古代ギリシアで初期に軍事力の主体となった貴族階層は馬を所有 し、これらの馬は主に戦場における自身の移動手段として用いられ、彼ら が騎乗したまま戦うことは稀であった。紀元前5世紀より市民からなる騎 兵が組織されるようになるが、優秀な騎兵は一貫してマケドニアやテッサ リアといった地の騎乗に慣れた民族からなる備兵であった。

　同様の傾向はゲルマン人についても言える。そもそもカエサルの『ガリ ア戦記』をはじめとする記録からは、騎乗したまま戦う「騎兵」なのか、 移動時は騎乗して戦闘では下馬する「騎乗歩兵」なのかを判断することは 難しい。ゲルマン人のうち「騎乗したまま戦う」騎兵が主力であったのは ゴート人とランゴバルド人であるが、フランク人においては騎乗歩兵の問 題も考慮せねばならない。

　騎乗歩兵はフランク王国においても広く用いられた。カロリング朝にお いては騎乗したまま戦う「騎兵」の比重が高まりつつあったのも事実であ るが、これらの騎兵が戦場でどの程度の役割を担っていたかを一概に述べ ることは難しい。しかし、野戦軍の精鋭部隊 scola をはじめ実戦的な騎兵 隊が編成され、かつ運用されていることから、メロヴィング朝期と比較し て重要な地位を築いていたことは事実であろう。732年のトゥール・ポワ ティエ間の戦いの直後より、カール・マルテルは教会や修道院の土地の多 くを没収し、これを家臣に封土として分配することで、騎馬戦力のための 経済基盤とした。さらに、軍の招集期が3月から5月となり、これは馬糧 の入手が容易な時期と重なる。

　より組織的に騎馬戦力を充実させたのは、マルテルの孫であるカール大 帝であった。カール大帝の一連の軍制整備により、フランク王国で騎馬戦 力は、軍における支配的な地位をようやく確立する。792年から翌年にか けてカール大帝が布告した「巡察使勅令」によると、封土と官職を有する

序 章
中世の幕開け

第1章
中世
軍事技術に見る

第2章
フランス

第3章
ドイツ

第4章
スイス

第5章
スペイン

第6章
中世ロシア国家

第7章
ポーランド

第8章
の形成
ユーゴスラヴィア

すべての者（すなわち貴族層）は、鎧兜、楯に槍ないし剣、さらに馬の所有が義務付けられた。805年の勅令ではさらに厳密なものとなり、所有する土地の広さが12マンス（manse。１マンスは、ほぼ１ハイド＝49ヘクタールに相当）以上であれば、騎馬戦力として軍役に従事するよう要求され、この義務を忘れば土地と鎧兜は没収された。カール大帝は騎馬戦力の武装を帝国全土に普及させ、さらに武装の標準化にも成功している。このため、カロリング朝期に確立した騎馬戦力の武装や社会制度は、フランク王国を越えて西ヨーロッパのほぼ全域に次第に浸透した。

　だが、フランク王国の分裂と第２次民族大移動の到来によって歩兵戦力が復活する。フランク王国の軍制は征服や遠征を前提としたものであり、外敵からの防衛に適したものではなかった。各地に築かれた城塞も、防御というよりも前衛基地といった趣が強く、このためヴァイキングのように神出鬼没を繰り返す外敵にはほとんど無力であった。

　カロリング朝の権威衰退と第２次民族大移動の混乱により、誕生間もないヨーロッパ世界は再び土着の軍事力に防衛を頼らざるを得なくなった。このためヨーロッパの多くの地域で歩兵が息を吹き返した。とりわけザクセンのように騎馬戦力が根付かず、歩兵が中心であり続けた地域は効果的にヴァイキングに対抗できた。一方で、フランク王国の支配が長かったアウストラシア（現在の独仏国境地帯）やネウストリア（フランス北部）などの地域はヴァイキングの侵攻に大いに悩まされた。また、のちにヴァイキングも騎馬戦力を採用するようになるが、騎馬戦力を採用し始めた頃から敗戦を喫することが多くなった。

　中世盛期には騎乗と徒戦の双方で戦闘に臨む者も現れた。その最初の契機と考えられるものが第１回十字軍（1096〜99）である。十字軍に参加した騎士のなかには、聖地への途上で乗馬を失う者も少なくなかった。そこでこうした騎士たちは下馬騎士として歩兵戦力となり、下位の歩兵たちの

戦力を補強して聖地での戦闘に貢献した。このような戦力は men-at-arms（単数形では man-at-arms）と呼ばれ、騎乗・徒戦にかかわらず何かしらの武器や防具を身に着けて戦闘に臨む者を指す。中世の騎士をはじめとするこの men-at-arms は、状況に応じて騎乗や徒戦を使い分け、柔軟に戦うといった例が往々にして見られた。

そもそも中世ヨーロッパの戦争において多くを占めるのは攻城戦（拠点の包囲戦）であり、騎兵が真価を発揮する野戦の割合は相対的に少なかった。また、中世社会ではエ

アルブレヒト・デューラーによる騎士の版画。1498年に制作されたこの版画の騎士は、一部の鎧が省かれるなど、騎乗戦闘と歩兵戦闘の双方に適した柔軟な武装をしている。腰に帯びた剣は、馬上では片手で、徒戦では両手で用いる「　手半」の剣であり、中世後期よりドイツ地方で発祥したものである。

リートに属する騎士は、戦闘に占める人数比は20％を大きく超えることはなかった。攻城戦で主役を務めるのは歩兵戦力にほかならず、中世では歩兵が一貫して戦場で重要な地位を占めていたのである。

騎馬戦力と社会的地位

しかし、中世ヨーロッパにおける歩兵は概して社会的身分は低く、多くは農民が領主などに徴発されて従軍しており、いわば寄せ集めとしての側面も否定できない。対して騎士をはじめとする騎馬戦力は、武装だけでな

く訓練や士気の面でも優れた戦力であり、中世盛期まで戦場で優位を占めていたこともまた事実である。というのも、騎馬戦力が相対的に社会的地位が高く、職業軍人として必要な資質を身につけることができたからにほかならない。ここで問題となるのが、そもそもなぜ騎馬戦力は歩兵戦力に対し社会的地位が高いのか、ということである。

実際に「騎士」という言葉は、フランス語の chevalier、イタリア語の cavaliere、スペイン語の caballero、ドイツ語の Ritter など、いずれも「馬」という言葉（cheval〈仏〉、cavallo〈伊〉、caballo〈西〉、reiten〈独〉）を語源とするものばかりである（ドイツ語のみ「騎乗する」という動詞）。騎士の本質は「馬に乗る人」であり、この点を考察することでその実像が浮かび上がってくる。

馬の所有はその所有者の資産と密接な関係にある。そもそも古代より馬の所有は富裕者に限定された。その理由としては、⑴購入能力。馬そのものの値段が高額であること、⑵維持能力。馬の維持には飼葉だけでなく厩舎（きゅうしゃ）などの設備や人員がそれ相応に必要であること、⑶時間的制約。騎乗訓練ならびに騎乗戦闘訓練に日常の時間の大半を費やさねばならず、これが最大の問題となる、の３点を挙げることができる。

これらの条件を満たしているのは、土地を所有する資産家階層すなわち貴族に限定される。古代ギリシアのポリスのように、重装歩兵として参戦する富農も、本業の農業に時間を割（さ）かなければならないため、騎兵となるための時間的な余裕は、ほぼないに等しかった。また中世後期でも、富裕化した市民軍が騎兵ではなくあくまで歩兵として戦闘に臨んだのも、彼らの本業（手工業その他）により同じく騎乗訓練に割く時間的な余裕がなかったためと思われる。

続いての問題は、なぜ中世に富裕層が騎乗という戦闘を選択したか、ということである。初期中世に国家単位で騎馬戦力を編成したのがカロリング朝であるが、カロリング朝では王室が俸給を支払うのではなく、騎馬兵

序章　中世の幕開け

第1章　軍事技術に見る中世

第2章　フランス

第3章　ドイツ

第4章　スイス

第5章　スペイン

第6章　中世ロシア国家

第7章　ポーランド

第8章　ユーゴスラヴィアの形成

に土地を供与して騎馬の維持を命じた。直接の起源は、先述のようにカール・マルテルが教会や修道院の土地の多くを没収して、これを騎馬兵に与えたものである。このほかにも従来の小領主層も含まれていたであろうが、カール・マルテルは領主層を保護することで恒常的な騎馬戦力の維持を目指したのである。

　しかし、第2次民族大移動期を迎えると、ヨーロッパ各地では歩兵が息を吹き返した。これにより騎馬戦力は衰退したかに見えたが、民族大移動が落ち着き始めた1000年頃より、徐々に地方領主が騎乗するようになった。この騎馬戦力の浸透の一因と考えられるのが、鐙の普及である。

初期中世における鐙の問題

　ヨーロッパにおける鐙の普及は、中世の軍事史においてしばしば言及される問題である。とりわけ鐙が普及した時期についての考察が、これまで幾度となく論争の火種となった。諸説のうち最も早い時期に設定するものは、4〜5世紀のフン人がヨーロッパに鐙をもたらしたというものである。これに関しては、そもそもフン人が鐙を使っていたかどうかがいまだに決着を見ておらず、鐙の普及以前の問題が依然として立ちはだかっている。

　鐙の普及を最も早い時期に設定する説は、732年のトゥール・ポワティエ間の戦いでウマイヤ朝がヨーロッパに鐙をもたらしたというものである。アメリカの歴史家リン・ホワイトJrはトゥール戦における鐙の普及がヨーロッパにおける封建制の定着に決定的な役割を果たしたと言及しているが、8〜9世紀の写本などの絵画を見るに、騎馬兵が鐙を活用していた描写は見当たらず、また物証としての鐙も発見されていない。

　とはいえ、イスラーム勢力との接触により、徐々にヨーロッパにも鐙の

序　章
中世の幕開け

第1章
中世
軍事
技術に見る

第2章
フランス

第3章
ドイツ

第4章
スイス

第5章
スペイン

第6章
中世ロシア国家

第7章
ポーランド

第8章
ユーゴスラヴィアの形成

存在が認知され始めたことはほぼ確実と言える。ウマイヤ朝のアラブ人やベルベル人騎馬兵は革や縄を環状に結んだ鐙を使用していたことが知られ、カロリング朝においてもスペイン辺境領の駐屯兵に同様の鐙が使用されていた。とはいえ、こうした鐙の採用はごく一部にとどまっていたことは確実であろう。

　一方で、1960年代にリン・ホワイト Jr は考古学による物証、言語学の史料、そして芸術作品から、鐙の伝播（でんぱ）を以下のものであると実証している。鐙は最初、東アジアで登場し（魏晋（ぎしん）南北朝時代の中国で最初に出現したと見られる）、イランを経由して中東、すなわちイスラーム諸国にその使用が広まった。リン・ホワイト Jr が検証した史料から総合的に判断するに、ヨーロッパに鐙が到来したのは 8 世紀初頭とみなすことができるという。

　ここで、ヨーロッパに最初に鐙をもたらした存在として言及されるのが、6 ～ 8 世紀にヨーロッパに襲来したアヴァール人である。アジア系遊牧民であったアヴァール人は、中世ヨーロッパの鐙と構造が酷似した金属製の鐙を使用しており、実際に東ローマ帝国などでは鐙の採用が始まっていたようである。アヴァール人の襲来は西ヨーロッパにおいて本格的に鐙が紹介された事例と見ることができる。同時期の北欧では、ヴァイキングの墳墓から鐙が発見される例も見られるが、これが実際の騎乗に使用されたのか、交易品の一環として取引されたものなのかを判断することは難しい。

　最後に紹介するのが、9 ～ 10 世紀のマジャール人によるもの、という説である。マジャール人の鐙もアヴァール人のものと構造に類似点が多く、かつ中世ヨーロッパの鐙にその特徴が継承された影響を窺（うかが）うことができる。マジャール人で特筆すべきはその活動範囲であり、アヴァール人は東ヨーロッパを中心に活動していたのに対し、マジャール人は南フランスに

まで至る広範な地域にまで襲撃を繰り返した。この襲撃の過程で西ヨーロッパ各地にもようやく鐙が定着し始めたと考えられる。

　いずれにせよ、鐙をヨーロッパにもたらしたのは騎馬民族であることに共通点を見出せる。しかし、ヨーロッパ人は概して農耕民族であり、歩兵の伝統が強い彼らに鐙とともに騎馬戦力がどのように受容されていったかを考えることが、騎士の本質に近づく鍵となるのである。

鐙と騎馬戦力の受容

　第2次民族大移動により西ヨーロッパでは領主層に鐙と騎馬戦力が漸次受容されていったようであるが、その運用は騎乗歩兵の域を超えるものではなかったと考えられる。カロリング朝においても騎馬戦力のうち相当数を騎乗歩兵が占めており、同時に各地では領主の邸宅が城塞化され、「城」が建設され始めた。初期の城は簡素な木製で、小高い丘に郭と柵を備えたもの（英：motte-and-bailey）であり、1000年を過ぎた頃より石造の城が出現し始める。

　この城の出現が、歩兵戦の重要性をより高めることになった。その一方で、領主は城塞化した邸宅（城）だけでなく領内の村落も防衛せねばならず、必然的にその防衛範囲はある程度広範なものにならざるを得なかった。こうした広範な領域で効率よく戦うには、騎乗に頼るほかなかったものと考えられる。第2次民族大移動末期の領主らは、騎乗して領内を回り、状況に応じて徒歩でも戦う騎乗歩兵としての側面もいまだに強かった。

　西ヨーロッパにおける騎馬戦力は、本質的には「騎乗した歩兵」であり続けた。その証左となるのが鐙であり、中世ヨーロッパでは鐙は鞍から低い位置に吊り下げられ、これは馬上での安定を目的としたものである。遊牧民は、鐙を鞍に近い高い位置に取り付ける傾向があり、これは今日の競

走馬と同様、騎手の腰を浮かせることで馬の機動力を引き出すためのものである（自転車競技の選手などがサドルに座らずに自転車を漕ぐことで速度が出やすくなるのと同じ原理である）。

また、使用する武器にも同様の特徴を垣間見ることができる。11世紀初頭までの槍には突起 lug、wing が取り付けられており、敵の武器や鎧を引っ掛ける戦法に使用されたものである。こうした戦法は徒戦における剣の使用法とも共通するものである。そもそも槍を意味する英語の spear は、古フランス語の espee を語源としており、これは元来「剣」を意味する言葉である。写本や物証などに見られるこうした突起付きの槍 winged spear は歩兵戦での使用を前提としたものであり、騎乗歩兵としての当時の騎馬戦力の在り方を如実に示すものと言える。

この突起付きの槍は次第に衰退し、11世紀半ばより突起のない馬上槍 lance が大勢を占めるようになる。そしてこの馬上槍の普及は、中世ヨーロッパにおける騎馬戦法が完成を見たことを示す傍証でもある。

中世ヨーロッパの騎馬戦法──衝突撃

中世盛期のヨーロッパ騎馬戦力が好んで用いた戦法が、「衝突撃」shock charge と呼ばれるものである。これは、重装備の騎兵が馬上槍を小脇に抱えて敵に突撃するものである。衝突撃は戦法としては単純ながら、効果的な戦法として中世ヨーロッパでは認知された。実際に、以降の戦場でもナポレオン戦争などで騎兵の突撃が見直されることがあり、中世を彷彿とさせる突撃戦法はしばしば甦ったのである。中世の衝突撃は、騎手と騎馬の重量と加速で生じるエネルギーを槍の先端に集中させたもので、ヨーロッパの騎馬戦力による突撃戦法は地中海世界に轟いた。

では、この衝突撃はどのようにして洗練されたのか。そもそもこの突撃戦法を用いた早い例は、東ローマ帝国だという見解がある。東ローマ帝国

序章 中世の幕開け

第1章 中世 軍事技術に見る

第2章 フランス

第3章 ドイツ

第4章 スイス

第5章 スペイン

第6章 中世ロシア国家

第7章 ポーランド

第8章 ユーゴスラヴィアの形成

では、3世紀以来の重騎兵の伝統を継承しており、この重騎兵はカタフラクト（英：cataphract）と通称される。カタフラクトとは騎手だけでなく騎馬にも装甲を施した重騎兵であり、もとはヘレニズム世界やイランで用いられていた事例を導入したものである。イギリスの歴史家デイヴィッド・ニコルは、東ローマ帝国のカタフラクトはニケフォロス2世フォカス（位963〜69）の治世に採用されたと指摘している。

　この東ローマ帝国の衝突撃が、南イタリアで東ローマ帝国と交戦したノルマン人を通じて西ヨーロッパにもたらされたと考えられる。しかし、一般的には衝突撃戦法の考案者はこのノルマン人に帰せられることが多い。「ノルマン人」とは第2次民族大移動の主役であったヴァイキングの別称であるが、とくに10世紀以降にノルマン人という場合は北フランスに定住した集団を限定して指すようになる。

　ノルマン人はその前身がヴァイキングであったことから、彼らは元来歩兵として戦う者が多かった。とはいえ、北フランス・ノルマンディーに定住して以降は、現地のフランク人から騎馬戦法を学び、これをより洗練させていったとされる。ノルマン人は中世においては騎馬戦法の完成者とみなされることが多いが、その事例として取り上げられるのが1066年のヘースティングズの戦いである。

「バイユーのタペストリ」の一場面。ウィリアム1世（ギヨーム）によるノルマン・コンクェストを描いたこのタペストリ（刺繍〈ししゅう〉画）には、11世紀当時のノルマン騎士が詳細に描写されている。ノルマン騎士はイングランド征服だけでなく、南イタリアやシリアにもその活躍の場を広げ、地中海各地でその勇名を馳せることになる。

序 章
中世の幕開け

第1章
中世　軍事技術に見る

第2章
フランス

第3章
ドイツ

第4章
スイス

第5章
スペイン

第6章
中世ロシア国家

第7章
ポーランド

第8章
ユーゴスラヴィアの形成

ヘースティングズの戦いと衝突撃戦法

　ヘースティングズの戦いは、11世紀半ばにイングランドでエドワード懺悔王（位1042〜66）が没すると、その後継をめぐりハロルド2世ゴドウィンソンとノルマンディー公ギヨーム2世が争ったことで生じた戦闘である。ギヨームはノルマン騎士を主力とする軍勢を率いてイギリス海峡を渡り、イングランド南部のヘースティングズでハロルド2世と対峙した。対するハロルドは、アングロ・サクソン流に王の親衛隊 Huskarl や郷士 thegn からなる歩兵を主力としていた。戦闘はギヨームの勝利に終わり、ハロルドは戦死。ギヨームは同年のクリスマスにロンドンで国王として戴冠されウィリアム1世としてイングランド王に即位する（位1066〜87）。

　このためヘースティングズの戦いは、しばしば「中世における騎士戦術の台頭の契機」として言及されることが多い。しかし、その実態はいささか異なっていると言える。まずアングロ・サクソン軍は歩兵が楯を構えて密集し shield wall、小高い丘の上に布陣していた。ノルマン騎士は結局はこの歩兵陣を突破することはできず、戦況の転換となったのはアングロ・サクソン歩兵がノルマン騎士の一隊を追撃して陣形が崩れたことによる（このときのノルマン騎士の撤退は、純粋な退却だったか陽動作戦だったかで意見が分かれる）。

　また、このヘースティングズの戦いは「バイユーのタペストリ」という刺繍画にも描かれている。「バイユーのタペストリ」は、ヘースティングズの戦い後にウィリアム1世の異父兄弟であるバイユー司教オドの命で制作されたもので、同時代の戦場や風俗を知る貴重な史料となっている。このタペストリにはノルマン騎士が描かれているが、ここではノルマン騎士の構える姿勢は互いにばらばらであり、統一的な戦法がいまだに見出されていなかったことを窺わせる（次ページのタペストリ参照）。

　以上2点を合わせると、ノルマン人は確かに当時においては非常に効果

同じく「バイユーのタペストリ」より、ヘースティングズの戦いの場面。ノルマン騎士の槍の構えは統一されておらず、この時点では騎馬戦法が未完成であったことを窺わせる。

的な騎馬戦力を保持していたであろうが、衝突撃戦法の考案者としてみなすことは困難と言える。より現実的な考察としては、ノルマン人が洗練させた騎馬戦法を土台に、彼らが南イタリアで東ローマ帝国と交戦した際に衝突撃戦法を導入し、最終的に完成を見たと考えた方がよいだろう。ともあれ、ノルマン人がヨーロッパにおける騎馬戦法の完成者であることに変わりはなく、1300年までのおよそ200年にわたる「騎馬戦法の時代」に先鞭をつけたことは確かである。

歩兵文明としてのヨーロッパ

　しかし騎馬戦力が根付いたとはいえ、中世ヨーロッパにおいて歩兵の影響力が完全に無視されたわけではなかった。そもそも本章の冒頭で述べたように、ヨーロッパは古代より歩兵の伝統が軍事・社会的に定着している地域であり、中世のように支配層が騎馬戦力となったのは、むしろ例外的な事例と言えるだろう。領主層が騎馬戦力として戦ったのは、広範な荘園の防衛と社会的地位（ステータスシンボル）としての意味合いが強いと考えられるが、先述したようにその領主層すら、状況に応じては徒戦という「先祖返り」をしているのである。

　中世ヨーロッパが「騎士の時代」であることは間違いない。しかし、

序 章
中世の幕開け

第1章
中世 軍事技術に見る

第2章
フランス

第3章
ドイツ

第4章
スイス

第5章
スペイン

第6章
中世ロシア国家

第7章
ポーランド

第8章
ユーゴスラヴィアの形成

「騎兵の時代」とは言い難い様相を呈していることも事実である。軍事史の観点でいえば、歩兵は社会的地位が低いながらも重要な役割を担い続けており、さながら「鳴りを潜めていた」時代が13世紀までの中世であったと言えよう。

1300年を迎えると、ヨーロッパでは各地で歩兵が騎馬戦力に勝利する事例が多く見られるようになる。この点に関しては欧米史家の一部からは「歩兵革命」Infantry Revolution という概念も提唱されているが、ヨーロッパの軍事・社会伝統に照らし合わせてみれば、むしろこの現象は「歩兵への回帰」という方がより適切である。事実、これらの歩兵たちは都市民からなる民兵団であり、さながら古代ギリシアやゲルマンの市民皆兵制の伝統が再び日の目を見たと言える。

ヨーロッパは軍事的には歩兵文明に属し、その伝統は市民皆兵制という社会制度によって裏付けられていた。これは中世に入って騎馬戦力が主力となってからも、本質的に変化はなかったと言える。前近代の西洋世界では、ローマ帝国のように国家が扶養する常備軍団を有していた勢力は例外的な存在であった。むしろ資産家、とりわけ土地所有者が軍の主力となる場合が、歩兵や騎馬戦力にかかわらず一般的だったのである。

ここで注目すべきは、こうした土地所有者は、国家や君主から事実上、土地の私有を認められていた点である。中世では第2次民族大移動の結果、君主が臣下に土地の管理（ないし統治）を委託し、その見返りに臣下に軍役を要求するといった慣例が一般化した。これは、臣下すなわち地方領主の自立が保障され、彼らは自領の経営を君主の命令よりも優先させる傾向が強かった。

このため、中世ヨーロッパ世界は「独自の軍事力を有した地方勢力（領主）」が割拠する様相となった。領主の保有地は次第に荘園（私有地）とみなされ、国王といえども荘園から直接、税などを取り立てることはできな

かった。また、領主間紛争は国王の仲裁よりも当事者同士の武力による解決が好まれ、こうした風潮は「自力救済」と称された。中世ヨーロッパの諸国の君主は、「国王」や「公」といった称号こそ保持するものの、多くの場合、その実態は領主の1人に過ぎなかったのである。

　中世という時代は古代との間に断絶があるのは事実である。しかし、完全に分断されたわけではなく、古代からの伝統も随所で継承している。その一面が軍事であり、またこれに立脚した社会制度なのである。一方で、中世はキリスト教（ローマ・カトリック）に裏付けされた「ヨーロッパ世界」が誕生し、また騎士の台頭は社会エリートとしての彼らのエートス（習性・特性）を確立・昇華させ、これが騎士道や中世文学に発展するのである。こうした「新しい要素」と「伝統的な要素」がないまぜとなった時代、これが中世という時代の本質と言えるのではないだろうか。

第2章

フランス

─集権国家の雛形─

　フランスは今日においても高度に集権化が進んだ国家として知られる。しかし、10世紀末期に国王に選出されたカペー家の勢力は弱小であり、しばしば国内の大諸侯の圧迫に苦しめられた。それでもなお12世紀末期より王権の強化が始まり、14世紀初頭には中世ヨーロッパにおける最大の権力者であったローマ教皇を凌駕する存在へと成長した。さらに同世紀よりイングランドとの百年戦争が始まり、これを戦い抜いたことで国内統一がほぼ完成することとなった。

　だが、今日フランスと呼ばれる地域は元来多様な文化を包摂した地域であり、その統合は決して容易なものではなかった。フランス各地の文化はその起源を古代に持ち、これが紆余曲折を経て「フランス」という国家に吸収されることになるのである。中世におけるフランス国家の展開は、多様な文化をひとつに統合しようという中央政府と地方勢力との葛藤の連続と言える。

ガリアと南北フランスの形成

　古代においてはフランス国家とみなせる存在はほぼなかった。紀元前のフランスはケルト人の諸部族が割拠し、ローマ人より「ガリア」と通称される地域に居住した。このガリアは共和政末期にカエサルの手で征服され、ローマの支配下に置かれた。

57

カエサルが著書『ガリア戦記』で記しているように、ガリアと呼ばれた地域は大きく２つに分かれる。すなわちガリア・キサルピナ（「アルプスのこちら側のガリア」の意）とガリア・トランサルピナ（「アルプスの向こう側のガリア」の意）であり、ガリア・キサルピナがローマ文化の影響を強く受けたガロ・ローマ文化を育んだ一方、ガリア・トランサルピナは古来のケルト文化がある程度維持され続けた。

　帝政ローマでは、ガリア・トランサルピナは４つの属州に再編され、なかでもガリア・ナルボネンシスと呼ばれた属州は経済的に重視された。ガリア・ナルボネンシスは地中海に面した一帯であり、ほぼ現在のオクシタニー地域圏とプロヴァンス・アルプ・コートダジュール地域圏に相当する。この地はイタリア本土とヒスパニア属州（イベリア半島）の中継点として、ローマが早くから征服した地域であった。

　このため、北部の３属州であるガリア・ルグドゥネンシス、ガリア・アクィタニア、ガリア・ベルギカとはやや異なる文化を備えた地域となった。４世紀にゲルマン人の大移動を迎えると、ガリア後に最初に足を踏み入れたゲルマン人は西ゴート人であった。イタリアに侵攻し410年にローマを劫略（ごうりゃく）した西ゴート人は、荒廃したイタリアを抜けガリア・アクィタニアを拠点とし、ここに西ゴート王国を建国した。

　しかし、５世紀末期にガリア北部にフランク人が侵攻する。フランク人はクローヴィス王の指導のもとでフランク王国を築き、507年にヴィエの戦いで西ゴート王国に勝利した。この戦闘でフランク王国はアクィタニアへ進出し、西ゴート王国は拠点をイベリア半島に移したが、それでもガリア・ナルボネンシスは保持した。

　こうしてフランク支配下のガリア北部と、西ゴート支配下のガリア南部が、それぞれ別個の文化を形成することとなった。ガリアでは俗ラテン語から派生したロマンス語と呼ばれる言語が普及したが、北部ではフランク人の言語とロマンス語の融合が進み、オイル語と呼ばれる言語を形成し

序章
中世の幕開け

第1章
中世
軍事技術に見る

第2章
フランス

第3章
ドイツ

第4章
スイス

第5章
スペイン

第6章
中世ロシア国家

第7章
ポーランド

第8章
の形成
ユーゴスラヴィア

た。一方でガリア・ナルボネンシスではロマンス語の特徴を維持し、オック語と呼ばれるようになった。また、フランク王国の支配下にありながら、アクィタニアでもオック語の言語と文化が維持された。

　フランク王国が拠点としたガリア北部とは異なり、ガリア南部では独自性を維持した領主層が割拠したこともあり、フランク王国の支配がガリア全土に及んで以降も、しばしばフランク王権に反旗を翻した。中央政府による統制の困難さが目立つにもかかわらず、ガリア南部は地中海やイタリア・イベリア間の経済的利益を享受しており、この地の重要性はフランク王国においても健在であった。ガリア・ナルボネンシスは5世紀より「セプティマニア」と称されるようになり、フランク王国ではかつてのガリアはネウストリア、アクィタニア、セプティマニアの3地域で構成されることになった。

フランク王国の分割とネウストリア

　序章でも述べたように、フランク王国では分割相続という慣習法があった。これは父親の財産を男子が分かち合うというもので、フランク王国のこの分割相続により、しばしば「分王国」と呼ばれる地方政権が出現した。その第一がクローヴィスの死である。511年のクローヴィスの死により彼の王国は4人の息子たちにより4つの王国に分割された。長男テウデリック1世はランス王国、三男クロドメールはオルレアン王国、四男キルデベルト1世はパリ王国、そして五男クロタール1世はソワッソン王国をそれぞれ支配した（次男は早世）。このうちクロドメールは間もなく亡くなり、その遺領は残る3兄弟に

クローヴィスの洗礼、9世紀に彫られた象牙のレリーフより。

図8　クローヴィス没後の諸子の分王国

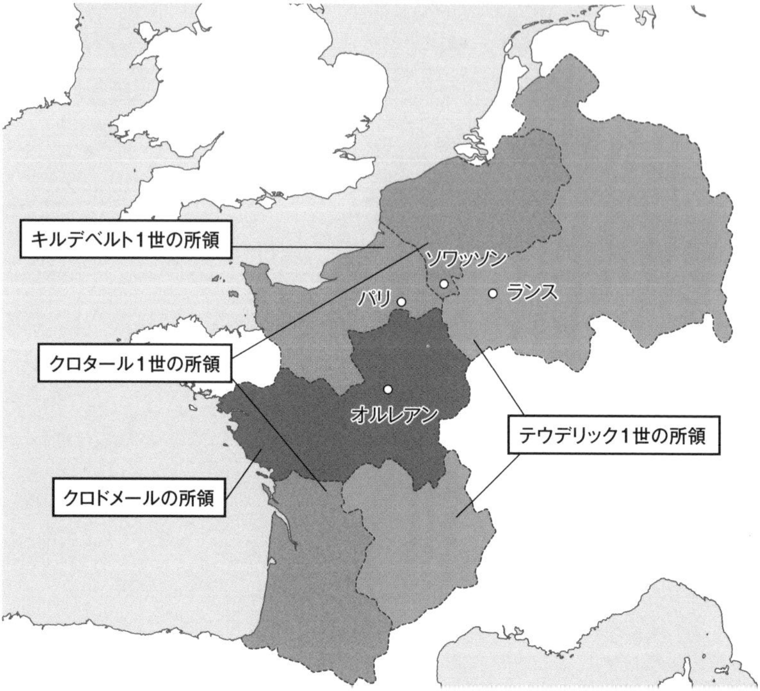

キルデベルト1世の所領

ソワッソン
パリ　　　　ランス

クロタール1世の所領

オルレアン

テウデリック1世の所領

クロドメールの所領

より分割された。

　ここで注目すべきは、クローヴィスの遺子らに与えられた領域がいずれ
も北フランスに集中していたことである。南部のアクィタニアは3兄弟に
よる共同管理とされ、北部とは一線を画す存在であった。ともあれ、この
分王国は最終的に最も長生きしたクロタール1世により再統一された。と
はいえ、分王国の成立がフランク王国の分断に必ずしもつながるとは限ら
ず、事実、分王国の君主たちは共同して遠征しフランク王国の勢力を拡大
するなど一族の結束をある程度は維持していた。

　クロタール1世は単独の支配者となる前より活発な外征を繰り返し、こ
れによりブルグント王国やセプティマニアが征服され、フランク王国のガ

リア統一が完成した。だが、クロタール1世が没すると、やはり諸子によってフランク王国は分割され、再び分王国が割拠することになり、3つの分王国が成立した。東部のアウストラシア、西部のネウストリア、そして東南部のブルグンディアである。南部のアクィタニアはやはり単独の支配者は置かれず、三分王国の所領が複雑に混在することとなった。

　このうち「ネウストリア」とは「新しき土地」あるいは「西方の土地」を意味する地名である。ネウストリアの支配領域はほぼロワール川以北に広がり、今日のフランス北部に該当する。この地は486年にクローヴィスがソワッソンの戦いで征服した地（ソワッソン管区）であり、フランク王国にとっては最初に拡張された領域であったことに由来する。これに対し、ライン川流域の東部地域（フランク王国の故地を中心とする地域）は「アウストラシア」（東方の土地）と称した。

　アウストラシアとネウストリアはしばしば抗争を繰り広げ、これによりフランクの拡張は一時中断した。アウストラシアでは567年より王妃のブルンヒルド（西ゴート王女出身）が実権を握り、ブルグンディアをも支配下に置いてネウストリアと対峙したが、ネウストリア王クロタール2世に敗北し処刑された。このクロタール2世のもとでフランクは再統一されたが、この統一もやはりクロタール2世の死により長くは続かなかった。

　この分断期に各分王国では、国王を補佐する宰相職である宮宰 major domus の権限が次第に強まった。クロタール2世の孫でアウストラシア王であったシギベルト3世は、宮宰であったグリアモルドの子キルデベルトを養子とし、グリアモルドは自身の一族による王位継承を企んだ。この王位簒奪の試みは、ネウストリアの一派によりグリアモルドが暗殺されたことで阻止されたが、しかしアウストラシア宮宰の地位はグリアモルドの甥ピピン2世（中ピピン）に継承された。ピピン2世の庶子が宮宰職を継承するカール・マルテルであり、その子ピピン3世（小ピピン）がメロヴィング王家を廃してカロリング朝を創始する。

序　章　中世の幕開け

第1章　中世軍事技術に見る

第2章　フランス

第3章　ドイツ

第4章　スイス

第5章　スペイン

第6章　中世ロシア国家

第7章　ポーランド

第8章　ユーゴスラヴィアの形成

西フランクの成立とカペー家の権力掌握

　王家のメロヴィング家の衰退をよそに、宮廷ではアウストラシア宮宰を世襲したカロリング家の権勢が日増しに強まった（とはいえ、このカロリング家も分割相続による内紛の憂き目にしばしば直面している）。751年に宮宰ピピン3世が自ら国王に即位してカロリング朝を創始し、その子カール大帝はローマ皇帝に戴冠され西ヨーロッパ世界を現出させた。しかし、カールの孫の代にフランクにまたもや分割相続による分断が生じる。843年のヴェルダン条約と870年のメルセン条約の結果、ネウストリアを中心とする一帯はシャルル2世禿頭王（位843〜77）の支配域となり、これは西フランク王国と通称される。

　西フランク王国はもともと自立の傾向が強いアクィタニアやセプティマニアといった南フランス地方を抱え、さらにはカール大帝が設置したスペイン辺境領に由来するバルセロナ伯の勃興が見られた。西部ではブルターニュ半島のケルト系ブルトン人が西フランクの統制から離れ、ブルターニュ公国として自立した。またネウストリアを中心とする北フランス一帯にいたっても、アウストラシア出身のカロリング王家は「よそ者」にあたり、強固な権力基盤を築くことはついにできなかった。カロリング王家の西フランク王権は衰退の一途をたどった。こうして西フランクでは権力の真空が生じ、地方領主の台頭を許すこととなった。

　この西フランクの情勢を受けて台頭した諸侯の1人が、ヴォルムスガウ伯であったロベール豪胆公 Robert le Fort（830頃〜66）である。彼の家系は父の代に東フランクより移住した諸侯であった。ロベールは858年にブルターニュ公と結んで西フランク王シャルル2世に反旗を翻し、ネウストリア諸侯の指導的地位に就いた。この反乱でロベールはシャルル2世を屈服させ、名実ともに西フランク最大の実力者となった。また、ロベールはヴァイキングの襲撃にも果敢に抵抗したが、自らもヴァイキングとの戦闘

序 章
中世の幕開け

第1章
中世
軍事技術に見る

第2章
フランス

第3章
ドイツ

第4章
スイス

第5章
スペイン

第6章
中世ロシア国家

第7章
ポーランド

第8章
ユーゴスラヴィア
の形成

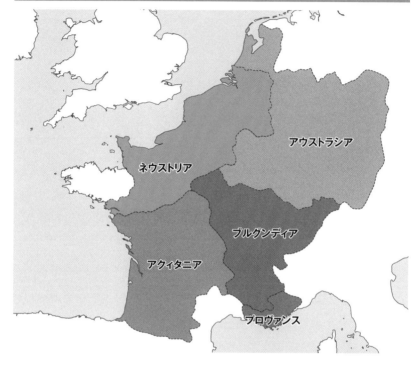

図9　700年頃のフランク王国の分王国

アウストラシア

ネウストリア

ブルグンディア

アクィタニア

プロヴァンス

　で命を落とした。

　ロベール豪胆公の台頭と前後して、9世紀よりヴァイキングの侵攻が活発になると、西フランク各地は彼らの間断のない襲撃に晒された。フランスにはセーヌ川やロワール川といった大河が流れており、ヴァイキングは浅い喫水でも航行可能なヴァイキング船を用いて川を遡り、内陸深くにまで侵入した。とりわけ西フランクの宮廷が置かれたパリは、恒常的なヴァイキングの襲撃を受けた。当時のパリ市はセーヌ川のシテ島をその領域としていたが、そのせいもあってヴァイキングによりしばしば包囲された。なかでも有名なのが885〜86年にかけての襲撃で、この危機的な状況に際しパリの防衛を主導したのが、ロベール豪胆公の長男でパリ伯ウード（オ

ド）であった。

　ウードはヴァイキングの襲撃を持ちこたえ、一方で当時空位であった西フランク王の地位に就いていた東フランク王カール３世肥満王は、ヴァイキングに多額の貢納金を支払うことで解決を図った。このカール３世の対応は各方面から不満を呼び、ひいては彼自身が廃位される遠因ともなった。カール３世が廃位され

パリ伯ウード（オド）の西フランク王戴冠。『フランス大年代記』より。

ると、聖俗諸侯はウードを君主に推戴し、彼は西フランク王に即位した（位888〜98）。しかし、ウードの王位は安定せず、カロリング家のシャルル３世単純王（位893〜923）をかつぎ上げる諸侯一派の反発を受けた。結局、ウードはシャルル３世を後継者に指名せざるを得なかった。

　ウードが没してシャルル３世が西フランクの単独君主となると、再びロベール家をかつぎ上げた諸侯が反乱を起こした。ウードの息子であるロベール１世（位922〜23）も諸侯の支持を受け西フランク王に即位し、シャルル３世に対抗したものの、最終的にはシャルル３世に敗れ戦死した。しかしシャルル３世もまたヴァイキングに対しては交戦よりも譲歩を選んだ。911年にはロロ率いる一派に北フランス一帯を封土として与え、ノルマンディー公国が成立する。シャルル３世の宥和策はやはり諸侯の反発を招き、最終的に廃位された。以降もカロリング家の王が西フランク王位を継承したが、いずれも目立った功績を上げることはできなかった。

　987年にルイ５世が没すると、諸侯はカロリング家に代わりロベール１

序章
中世の幕開け

第1章
中世軍事技術に見る

第2章
フランス

第3章
ドイツ

第4章
スイス

第5章
スペイン

第6章
中世ロシア国家

第7章
ポーランド

第8章
ユーゴスラヴィアの形成

世の孫ユーグ・カペーを国王に選出した（位987〜96）。ユーグ・カペーが選出された理由は、ウード以来のヴァイキングへの抵抗で優れた指導力を発揮したロベール家の出自であることと、当時のユーグ・カペーの勢力が比較的弱小であったことである。

ゲルマン人の部族社会に由来する伝統では、王は絶対的な支配者ではなく、戦時に部族を率いる軍司令官としての役割が期待された。これは軍隊王権と呼ばれ、優れた軍指揮能力は王権の根拠となった。一方で、ユーグ・カペーは父の代までは北フランスの大半を支配する大領主であったが、彼が若年のうちに地位を継承したこともあり、国王に即位した時点ではその所領はパリを中心とする一帯に縮小していた（イル・ドゥ・フランス）。強大すぎる君主の出現は避けたいものの、さりとて全く実力がない君主でも困るという、当時の諸侯の意向を反映した結果とも言える。ユーグ・カペーの一族は以降は西フランク王ひいてはフランス国王の位を世襲し、彼の一族はロベール家という名称から次第に「カペー家」と通称されるようになった。

「フランス」の誕生──カール大帝の後継者をめぐって

一般に、カペー朝の成立をもってフランス王国、すなわち今日に至るフランス国家が成立したとみなす。この「フランス」という呼称は、先行する「フランク」という部族および国家名に由来するとされるが、先述のようにフランスはフランク人にとっては「新たに征服した地（ネウストリア）」であって、彼らの故地ではない。いわば外来者の名称が定着したことになるが、その事情はやや複雑なものとなっている。

まず「フランク」という名称が最初に登場するのは３世紀のローマの文献であり、ラテン語で francus（複数形で franci）と称された。これはライン川中流域に居住したゲルマン人をまとめてローマ人が呼んだもので、こ

の時点では複数の部族を指し、彼らに統一的な部族・民族意識があったかについては不明瞭である。

この francus というラテン語の語源は、この当時の「フランク」が用いた槍（古ノルド語：frakka ないしラテン・ゲルマン語：framea）に由来するという。フランク人が用いた投斧 francisca に民族名が由来するという説があるが、これは俗説に近い。あるいはもうひとつの語源として、ゲルマン祖語の frankaz（「勇猛な、大胆な」などの意）を由来とするもので、おそらく彼らの武器に由来する frakka と武器を振るって勇猛に戦うさまを表した frankaz の混同が見られ、次第に francus というラテン語に収束していった可能性がある。

この francus は6世紀になると、フランク人がガリア北部に進出したことにともない、支配層となったことから「（課税の対象とされない）自由民」をも意味するようになり、最終的には「隷属されない、高貴な」などをも意味する古フランス語の franc につながる。さらに、カール大帝によりフランク王国が現在のドイツ、フランス、イタリアにまたがる大国に成長し、800年には「ローマ皇帝（フランク・ローマ皇帝）」として戴冠した。これが9世紀のヴェルダン条約およびメルセン条約によって分断すると、962年に東フランク（ザクセン朝）は北イタリアを支配して、教皇よりローマ皇帝としての地位を認められた。

一方でカロリング朝がまだ存続した西フランクは、「フランク」という名称を維持することでフランク王権の正統な後継者を暗に主張することになった。東西のフランクは、ローマ皇帝あるいはフランクという各々の側面から、カール大帝の後継を自認することになるのである。

したがって、「フランス」という地名は、カール大帝の後継者をめぐる正統性を争うなかで見出されたということもできる。実際に、東フランクに起源を持つローマ帝国（一般に神聖ローマ帝国）は、しばしばフランスの支配権を主張して侵攻を繰り返している。このため、カペー朝成立期の

フランスは、きわめて危うい状況にあった。国内の地方領主の台頭の一方で、フランスの支配権を主張する神聖ローマ帝国とも争わねばならなかったからである。

カペー朝の権力伸張──世襲と長子相続制

　ユーグ・カペーは君主としてはやや凡庸な印象を与えるが、それでもカペー王家はフランスにおいて指導力を発揮した。ユーグ・カペーは従来の西フランク王と比べて強力な王権を保持しており、縮小したとはいえ、ある程度の所領に教会保護権を有し、さらには婚姻関係を背景にこれを維持した。何よりも、成立期のカペー王家はランス大司教やノルマンディー公といった有力な聖俗諸侯の支持を受けていたことも考慮に入れねばならない。

　にもかかわらず、成立期のカペー朝の勢力は相対的に弱小であることも事実であり、国内の大領主やフランスの支配権を主張する神聖ローマ帝国の干渉に悩まされることになった。さらにこの状況に複雑さを加えたのが、フィリップ１世（位1060〜1108）の治世に生じたノルマン・コンクェストである。フランス王の封臣であったノルマンディー公ギヨーム２世がウィリアム１世として1066年にイングランド王に即位した（位1066〜87）。このフランス・イングランドの主導権争いは、12世紀後期にイングランドにプランタジネット朝（アンジュー朝）が成立したことでより本格化する。

　それでも、ユーグ・カペーはある功績を遺した。それがカペー家による王位の世襲である。後述のローマ王（神聖ローマ皇帝）位とは異なり、カペー家は血縁による王位の世襲が認められた。この世襲の容認も、代々のロベール豪胆公の血縁者たちによる事績が前提とされたであろうことは否めない。

序 章
中世の幕開け

第１章
中世
軍事技術に見る

第２章
フランス

第３章
ドイツ

第４章
スイス

第５章
スペイン

第６章
中世ロシア国家

第７章
ポーランド

第８章
ユーゴスラヴィアの形成

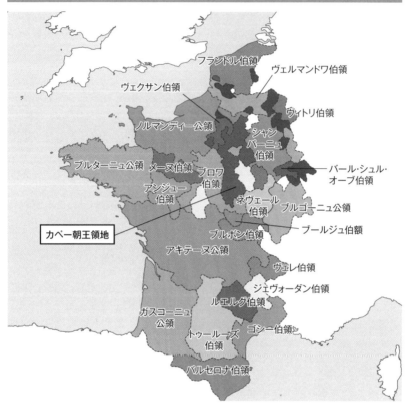

図10　1030年頃のフランス王国と諸侯領

フランドル伯領
ヴェルマンドワ伯領
ヴェクサン伯領
ウィトリ伯領
ノルマンディー公領
シャンパーニュ伯領
ブルターニュ公領
メーヌ伯領
ブロワ伯領
バール・シュル・オーブ伯領
アンジュー伯領
ネヴェール伯領
ブルゴーニュ公領
カペー朝王領地
ブルボン伯領
ブールジュ伯額
アキテーヌ公領
ヴェレ伯領
ジェヴォーダン伯領
ルエルグ伯領
ガスコーニュ公領
ゴシー伯領
トゥールーズ伯領
バルセロナ伯領

　一方で、カペー朝成立までのおよそ１世紀の間に、西フランクおよびフランスでは王権が不安定であったことは、地方領主の台頭を必然的に招いた。とりわけ東フランク王カール３世肥満王による再統一の崩壊以来、ロベール家（カペー家）とカロリング家の王位をめぐる一連の抗争に加え、折しもフランス各地にもマジャール人やヴァイキングの侵入が繰り返された。さらにロートリンゲンをめぐる領土問題とドイツ王の介入といった事態が生じると、国王を中心とする中央政府では対処しきれず、各々の問題解決は地方領主の手に委ねられた。

だが、こうした地方領主らは国王の統制下に入ろうとしなかったものの、彼らは必ずしも王を無視することはなく、ユーグ・カペーの即位以降は王位簒奪を目論むこともなかった。地方領主らはあくまでも自領の経営に集中し、これが阻まれない限りは国王に対して明確に反旗を翻すことは稀になった。

とはいえ、カペー朝の勢力が及んだのは北フランスに限られ、ロワール川以南のアクィタニアなどではフランクの慣習法に代わってローマ法の復活が見られた。このように南フランスではローマの伝統への回帰が生じ、11世紀には建築と詩作の分野で目覚ましい成果を収めた。とりわけアクィタニアは、トゥルバドゥールと呼ばれた吟遊詩人の発祥の地としても知られる。アクィタニアで復活したローマの伝統は、ロマンス語（俗ラテン語）による文学作品の隆盛を促し、騎士道物語に代表される中世ヨーロッパ文学を牽引したのである。

この南フランスにおけるローマの伝統の復活によって、ある制度が普及し始めることになった。ローマ法では遺言に基づく直系への相続が原則とされていたが、南フランスでも次第にこの原則が復活し、相続人による一括相続が一般的となった。この相続人は長男が指名されることが多く、これによりフランスでは長子相続制が定着し始めることとなった。

長子相続制の採用が意味することは、古代フランク以来の分割相続の否定にほかならない。北フランスではフランク由来の慣習法が維持され、これにより封建制が浸透するとともに、諸侯領の細分化も進むことになった。一方でカペー家は王位の世襲により勢力を維持し、周辺の諸侯領の細分化に対して北フランスにおける地歩を着実に固めていったのである。このカペー家による王位の世襲と長子相続制により、権限委譲が比較的円滑に執り行われるようになり、かつてのフランク王国のような王権の弱体化を免れることになった。

しかし、南フランスでは長子相続制が定着したことで、この地の諸侯の

序 章
中世の幕開け

第1章
中世 軍事技術に見る

第2章
フランス

第3章
ドイツ

第4章
スイス

第5章
スペイン

第6章
中世ロシア国家

第7章
ポーランド

第8章
ユーゴスラヴィアの形成

強大化は避けられないものとなった。817年に設けられたトゥールーズ伯は独立の傾向を強め、アルビとケルシーという拠点の獲得により勢力を拡げることに成功した。また、もとより自立の傾向が強かったアクィタニア地方も、バスク人を退け984年より領主ギヨーム（4世）がアキテーヌ公を称し、11世紀にはガスコーニュ地方を併合してガロンヌ川以南をほぼ統合した。北フランスにおいて勢力を拡大し始めたカペー家であったが、南フランスにおいてアキテーヌ公とトゥールーズ伯という強大なライヴァルが、王権による国内統合を前に立ちはだかるのである。

　初期のカペー朝において特筆すべき国王が、ルイ6世（肥満王ないし戦争王、位1108～37）である。ルイ6世はサン・ドニ修道院長シュジェールを政治顧問として重用し、国内やイングランドとの関係安定に尽力した。また神聖ローマ皇帝ハインリヒ5世のフランス侵攻を撃退し、長男ルイ（のちのルイ7世）とアキテーヌ公の相続人であったアリエノール・ダキテーヌとの婚姻を取り決め、南フランスへの影響力も強めようと試みた。ルイ6世はこの直後に亡くなるが、カペー朝の本格的な王権強化に貢献した最初の国王と言える。

シュジェールの肖像。シュジェールはルイ6世に仕えた修道院長で、国王をよく補佐しフランスの集権化に貢献した。

序 章
中世の幕開け

第1章
中世軍事技術に見る

第2章
フランス

第3章
ドイツ

第4章
スイス

第5章
スペイン

第6章
中世ロシア国家

第7章
ポーランド

第8章
ユーゴスラヴィアの形成

英仏対立の幕開け──アンジュー帝国

　11世紀が終わる頃までに、カペー家は突出と言えないまでも、少なくとも北フランスにおいては主導的な地位を維持し続けた。しかし、12世紀後期にフランス王権を脅かしかねない強大な勢力がフランスに登場することになる。フランスの諸侯であるアンジュー伯アンリがイングランドの「無政府時代」（1135〜54）を収拾、ヘンリ2世としてイングランド王に即位した（位1154〜89）のである。このヘンリ2世に始まるイングランドの新王朝を、アンジュー朝またはプランタジネット朝という。

　ヘンリ2世はアンジューを中心とする北西フランスを中心に、アリエノール・ダキテーヌとの婚姻でアキテーヌとガスコーニュを傘下に置いた（アリエノールはルイ7世と1152年に離婚していた）。さらに、イングランド王に即位したことでイングランドとノルマンディーの支配権も得、1171年よりアイルランドに侵攻して東海岸一帯に拠点を築いた。また、ヘンリ2世は息子ジョフロワにブルターニュ公女を嫁がせてブルターニュにも支配権を及ぼし、さらにスコットランドを屈服、ウェールズも臣従した。こうしてヘンリ2世の支配域は、ブリテン諸島からフランス西半にまで至る広大なものとなり、これは「アンジュー帝国」と通称される。

　アンジュー帝国の広大な支配域もさることながら、ヘンリ2世の野心もまたカペー家にとっては脅威となった。1160年にフランス王ルイ7世（位1137〜80、アリエノール・ダキテーヌの前夫でもある）の2番目の妃コンスタンスが男子のないまま没した。これを好機と捉えたヘンリ2世は、ルイ7世の王女マルグリットと次男ヘンリ（若ヘンリ、長男が夭折したため事実上の長子）を結婚させ、自身の息子を次期フランス王として有力な地位に就かせた。この目論見は1165年にルイ7世に男子が誕生（のちのフィリップ2世）が誕生したことで失敗に終わったが、それでもアンジュー帝国の存在はルイ7世にとって懸念であり続けた。

図11　アンジュー帝国の所領（1180年）

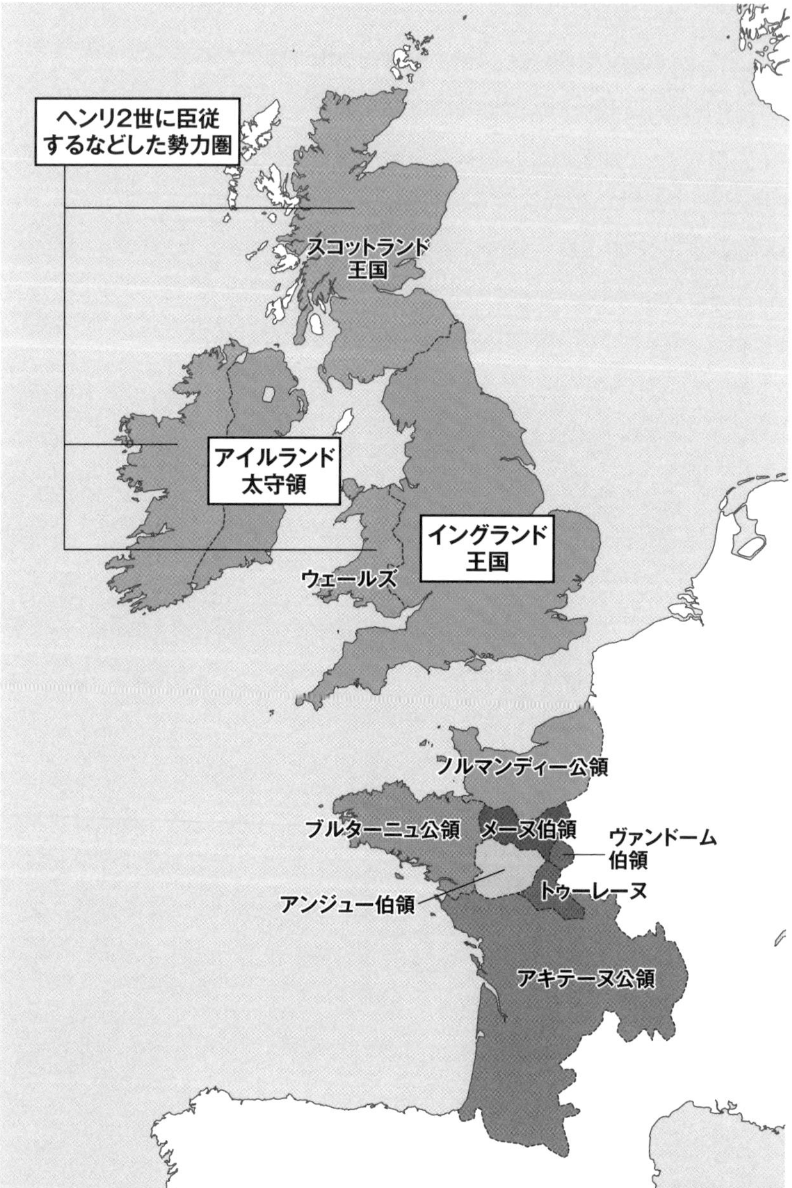

ヘンリ2世に臣従
するなどした勢力圏

スコットランド
王国

アイルランド
太守領

イングランド
王国

ウェールズ

ノルマンディー公領

ブルターニュ公領　　メーヌ伯領　　ヴァンドーム
伯領

アンジュー伯領　　　　　　トゥーレーヌ

アキテーヌ公領

しかし、アンジュー帝国にはアキレス腱があった。ヘンリ2世の支配域は必ずしも一元的な支配が築かれているとは言えず、支配体制も所領によってまちまちであった。ヘンリ2世のアンジュー帝国は、いわば同君連合の形態をとっており、統一的な地方制度の欠落は大局的に見て支配の弛緩を徐々に招いた。また、ヘンリ2世は諸子と不仲であり、ルイ7世やフィリップ2世といったカペー朝の国王は、ヘンリ2世の諸子に接近してプランタジネット朝内部の反目を煽り、付け入ろうとしたのである。

ヘンリ2世の長男のヘンリ（若ヘンリ）とリチャードは相次いで反乱を起こし、リチャードにいたってはフランス王フィリップ2世に臣従し父王に対抗した。失意のヘンリ2世はリチャードの反乱のさなかに没する。

ヘンリ2世が築いたアンジュー帝国は、カペー朝にとっては確かに脅威ではあったが、諸侯領の集合体に過ぎないというアンジュー帝国の性質は、カペー朝にとっては絶好の介入の機会を与えた。カペー朝はアンジュー帝国という眼前の敵対者に立ち向かうことで、王朝による国内統合を進めることを可能とした。アンジュー帝国という巨大な政治体の存在が、カペー朝による集権化を促したと言えよう。

フィリップ2世とルイ9世——フランス王国の変容

中世フランス王国に画期がもたらされたのが12世紀末から13世紀にかけてであった。この間にフランスは、カペー朝の2人の君主のもとで集権化が進み、王権の飛躍が見られた。その2人の国王とは、フィリップ2世とルイ9世である。

フィリップ2世（位1180〜1223）はイングランドで新王にリチャード1世（獅子心王、ヘンリ2世の三男、位1189〜99）が即位すると、当初は友好

序章　中世の幕開け

第1章　中世　軍事技術に見る

第2章　フランス

第3章　ドイツ

第4章　スイス

第5章　スペイン

第6章　中世ロシア国家

第7章　ポーランド

第8章　ユーゴスラヴィアの形成

的な素振りを見せ第3回十字軍では共同で出兵した。しかし、フィリップはアッコン（アッカ）を占領すると早々に帰国の途に就き、リチャードが聖地で十字軍を継続する隙を突いて、大陸のイングランド領の回収にかかった。フィリップはさらにリチャードの弟

トゥールを攻略するフィリップ2世。『フランス大年代記』より。

ジョンと手を組み、イングランドでの反乱も煽動した。

　リチャード1世の没後にイングランドで彼の弟ジョン（欠地王、位1199～1216）が国王に即位すると、フィリップ2世はイングランドとの抗争を有利に進めた。とりわけ1214年にブーヴィーヌの戦いでイングランドと神聖ローマ帝国の連合軍に勝利したことで、ノルマンディーを含む北フランス一帯を王領に組み込むことに成功した。また、このブーヴィーヌでの勝利により、当時はほぼ形骸化していたとはいえ、神聖ローマ皇帝のフランスに対する支配権も完全に挫くことになった。

　王領の拡大は、フランスの統治体制に大きな転換をもたらした。アンジュー帝国での統治の経験豊かな行政官がフィリップ2世の支配下に入り、彼らはカペー朝においても地方統治を担当することとなった。こうしてフィリップ2世は拡大した王領にもバイイ（国王代官）制を確立して地方統治を一新し、集権化の定着を図った。

　また、フィリップ2世の治世に教皇インノケンティウス3世（位1198～1216）の提唱でアルビジョワ十字軍が始まった（1209～29）。アルビジョワ

序 章
中世の幕開け

第1章
軍事技術に見る
中世

第2章
フランス

第3章
ドイツ

第4章
スイス

第5章
スペイン

第6章
中世ロシア国家

第7章
ポーランド

第8章
ユーゴスラヴィア
の形成

十字軍とは、南フランス一帯に勢力を張ったカタリ派の一派であるアルビ
ジョワ派を異端とし、これの征伐に組織された十字軍である。かたやアルビ
ジョワ派は南フランスの大諸侯であったトゥールーズ伯より保護されて
おり、アルビジョワ十字軍は南フランスへの王権の介入を正当化させ得る
ものであった。

　にもかかわらず、フィリップ2世は当初これにあまり関心を示さず、十
字軍そのものは封臣のレスター伯シモン・ドゥ・モンフォール（イギリス
の議会制確立に貢献した同名のイングランド貴族の父）の手に委ねた。シモ
ン・ドゥ・モンフォールの十字軍はトゥールーズ伯領の多くの拠点を攻略
して住民を虐殺し（アルビジョワ派の信者でなかった者が大半と言われる）、
さらにアルビジョワ派を支援しようとしたアラゴン王国の遠征軍もミュレ
の戦いで撃退したが（1213）、シモン自身は1218年に戦死した。これによ
りアルビジョワ十字軍は一時停滞する。

　フィリップ2世に続いてカペー朝の集権化に貢献したのが、ルイ9世
（位1226〜70、1297年に列聖）である。ルイ9世はまず、父ルイ8世が再開
したアルビジョワ十字軍を引き継いだ。長年の十字軍で疲弊した南フラン
スの諸侯は次々とルイ9世の軍門に降り、ついに1228年にトゥールーズを
占領してトゥールーズ伯の屈服に成功した。こうしてルイ9世は、カペー
朝の支配を南フランスに及ぼすことに成功した。

　また、戦後に教皇庁が主導した大規模な異端審問が南フランスで展開さ
れ、最終的にアルビジョワ派そのものが根絶されることになった。アルビ
ジョワ十字軍の完了は、南フランス（アキテーヌからプロヴァンスにかけて
の地域）の自主独立の気風を失わせ、フランス王による集権化に組み込ま
れることとなった（ガスコーニュ地方はイングランド領にとどまる）。

　一方で、ルイ9世はその敬虔さから聖地奪回を目的とする十字軍も自ら
組織したが、これはいずれも失敗に終わった。1248年に開始した第7回十

字軍は、エジプト占領を期したものの失敗し、エジプトにマムルーク朝が成立し十字軍は撤退を余儀なくされた。続く1270年の第8回十字軍ではチュニスを包囲したが、この戦闘でルイ9世は疫病に罹患して没した。

ルイ9世の肖像、1230年頃。

　十字軍の失敗は確かにフランスに負担をもたらしたが、これがフランスの国制に大きな転換をもたらした。ルイ9世が手始めに着手したのが王国全土における行政調査である。これは第7回十字軍への参加を前に、王の留守中の王国支配を安定させるためのものである。続いて第7回十字軍から帰国した1254年より、さらなる国制改革に取り組んだ。この改革で最も重要なものが、高等法院（パルルマン）の躍進である。

　カペー朝の早期より、フランスでは国王とその側近による評議会が開かれており、これは王会 Curia Regis と呼ばれた。この王会は12世紀後期までに次第に司法としての機能が顕著となり、13世紀には王会はその役割に応じて国務会議（政務）、会計監査院（財政）、高等法院（司法）の3機関に分離した。

　ルイ9世は組織としての高等法院を初めて設置し、国王裁判所に証人尋問の手続きを採用した。証人尋問は元来は教会裁判所で用いられた手法であったが、これを高等法院にも採用することで、王領地の問題だけでな

く、家臣団からの控訴も引き受けることになった。こうして高等法院を利用し、王権は家臣への影響力を強めることになった。

　また、ルイ９世の十字軍はフランスにある観念をもたらした。フランスの負債になったとはいえ、同時代人は概してルイ９世の十字軍に好意的な反応を示した（ただし、チュニスを目指した第８回十字軍は、単なる侵略戦争と言及されるなど否定的な記述も見受けられる）。十字軍を主導したことで、ルイ９世は王の指導権を人々に進んで受容させる機会を得たのである。ルイ９世はこうした目的で十字軍を積極的に利用しようとしたわけではないだろうが、それでも一連の十字軍は諸侯に王権を認めさせるに余りあるものがあった。

　加えてルイ９世が指揮した十字軍は、いずれもフランスが主体となって遂行されたものであり、多国籍からなる従来の十字軍とは一線を画すものであった。こうしてルイ９世の治世より、フランスではナショナルな共同体の萌芽が生じたと言えるであろう。ルイ９世は十字軍を除いては、その治世で対外戦争や国内諸侯と争うことはなかった。彼は諸侯や諸外国との調停役に徹し、国制改革の充実化を図った。ルイ９世は、のちのフィリップ４世と並ぶカペー朝における改革者であったと言えよう。

フィリップ４世とカペー朝の終焉

　1300年を迎えるまでに、集権化を進めるフランス王にとって最大の障害となったのはローマ教皇であった。このローマ教皇との関係に決着をつけたのが、フィリップ４世（位1285〜1314）である。フィリップ４世はフランドル伯やイングランド王エドワード１世との抗争を繰り返し、その戦費を賄うため国内の聖職者への課税を進めた。これに当時のローマ教皇ボニファティウス８世（位1294〜1303）が猛然と反発し、国王による聖職者への課税を禁止する詔勅を発した。これを受けてフィリップ４世も、国外へ

77

の貨幣持ち出しを禁止し、両者の対立は決定的なものとなった。

　フィリップ4世は国内における自らの地位を確認するため、1302年に全国より聖職者、俗人諸侯、都市民の代表をパリに招聘（しょうへい）して会議を開いた。これがフランス最初の全国三部会の開催である。三部会はフィリップ4世の支持を表明した。フランスの宰相であったギヨーム・ドゥ・ノガレは王の意向を汲（く）み、イタリアのコロンナ家と結んでボニファティウス8世が滞在中であったイタリア中

フィリップ4世の彫像、サン・ドニ大聖堂所蔵。

部のアナーニを襲撃した。いわゆるアナーニ事件（1303）である。ボニファティウス8世はノガレ自身から暴行を受け、3日間の監禁ののちアナーニ市民に救出されたが、失意の中で発狂し間もなく没した。

　このアナーニ事件で活躍したのが、ギヨーム・ドゥ・ノガレを筆頭とするレジスト légiste たちであった。レジストは都市民出身で、大学で法学を専攻し、法的思考をもって国王を理論武装させた。ここでいう法学の対象となったのはローマ法であり、聖書を根拠とする教会権力への対抗として、中世後期より政治的に注目されるようになった。すでにローマ法を援用した君主権の正当化はフリードリヒ1世（神聖ローマ皇帝、位1155〜90）らにより試みられていたが、これをより組織的に進めたのがフランスであった。レジストらは家柄ではなく実力によって登用され、国王の寵愛を引き出そうと彼らは熱心に仕えるようにもなった。

　しかし、レジストらによる王権の法的な正当化もあったとはいえ、ここで注目すべきは、三部会の議員らが国王を支持したことである。教皇権へ

の不信や衰退が始まっていたとはいえ、三部会の成功の背景はフィリップ4世が「皇帝」ではなく「国王」であったことである。神聖ローマ皇帝があくまで普遍的な権威を追求したのに対し、フランス王は一介の地方権力者に過ぎない。

後述するように、神聖ローマ皇帝がその普遍的権威をローマ教皇と争った一方で、フランス王は普遍的な権威の存在を必ずしも必要としない。いわば教皇と国王は争う土俵が異なっているのだ。この齟齬に人々も次第に気付いたのか、13世紀の終わりに近づくにつれ、各国では普遍的な権威に代わってナショナルな共同体を優先するようになる。

1302年の三部会は、ルイ9世の治世より形成されつつあったナショナルな共同体が、フィリップ4世の治世にひとつの形となって確立したと言えよう。フランスにおける国家ないし国民意識が頭をもたげ始めたのである。のちのフランス革命にも見られるように、ナショナルな意識は外敵の存在により醸成される傾向にあるが、中世においてもそれは例外ではなかった。12世紀のアンジュー帝国や14世紀の教皇との争いを経て、フランスではまずエリート層の間で、徐々にナショナルな意識が形作られていったのである。

ボニファティウス8世の没後、続くベネディクトゥス11世が教皇に登位してわずか8カ月で亡くなると、フィリップ4世は自身の息のかかったクレメンス5世（位1305〜14）の登位に成功する。このときフィリップ4世は、クレメンス5世と教皇庁を南フランスのアヴィニョンに移転させ、以降70年近くにわたり教皇庁はこの地に座した。これを「教皇のバビロン捕囚」または「教皇のアヴィニョン捕囚」という。

しかし、この「捕囚」の期間を通じて、フランス王は常に教皇庁に目を光らせていたわけではなかった。カペー朝では間もなくフィリップ4世が没し（1314）、跡を継いだ彼の3人の男子は、いずれも短命かつ後継者を残すことができなかった。1328年のシャルル4世の死によってカペー家は

序 章　中世の幕開け

第1章　中世　軍事技術に見る

第2章　フランス

第3章　ドイツ

第4章　スイス

第5章　スペイン

第6章　中世ロシア国家

第7章　ポーランド

第8章　ユーゴスラヴィアの形成

直系男子が断絶し、王家はフィリップ4世の弟ヴァロワ伯シャルルの子である フィリップ6世（位1328～50）に継承されることになった。これによりフランス王国に新王朝であるヴァロワ朝が誕生した。

　フィリップ4世の治世は、フランス王国の国制とナショナルな共同体が完成を見た時代であった。と同時に、フランスにおいて集権化を進めていたカペー家の終焉が近づきつつあった時代でもあった。カペー家の断絶は、この一族が担った役割を終えた瞬間と言えるかもしれない。カペー家が歴代にわたって進めた国制改革は、血統を継ぐヴァロワ家にも引き継がれ、16世紀末期に始まるブルボン家が「絶対王政」と言われる集権体制を打ち立てることになる。

その後のフランス──集権国家と君主政

　ヴァロワ朝の成立は、フィリップ4世の治世から続くイングランドとの抗争に新たな局面をもたらした。フィリップ6世の即位に対し、血縁の近さを理由にイングランド王エドワード3世（位1327～77）がフランスの王位を請求したのである。確かにエドワード3世の母はカペー朝最後の国王シャルル4世の姉（したがって、エドワード3世は甥）であり、フィリップ6世（シャルル4世から見ると従弟）よりも血縁は近いが、フランスではフランクのサリカ法典を根拠に女子の王位継承を否定している。いずれにせよ、イングランドはこの王位請求をフランスへの介入の口実とし、両国の間で百年戦争が始まる（1339～1453）。

　百年戦争の趨勢については、様々な文献に言及されているため本書ではその詳細は割愛するが、この百年戦争でも断続的に戦争が続いたことで、両国に国民意識が確立する契機となった。この戦争で最終的に勝利を収めたフランスは、シャルル7世（位1422～61）の治世に常備軍と官僚制が整

備され、封建諸侯に依らない国家体制が整備され、続くルイ11世（位1461〜83）はフランス最大の諸侯であるブルゴーニュ公の排除に成功した。そしてシャルル8世（位1483〜98）は、充実した国力と百年戦争以来の軍事力を背景に、ナポリ王位請求を名目にイタリアへ侵攻した。これによりヨーロッパの主要国を巻き込むイタリア戦争（1494〜1559）が開戦する。このイタリア戦争により、フランスはヨーロッパにおける「列強」としての地位を確立することになる。

　大国としてのフランスの地位は、1589年から始まるブルボン朝（〜1792、1814〜30）にも継承されたが、絶対王政の絶頂期とされるルイ14世（太陽王、位1643〜1715）の治世においてすら、国王による集権体制は必ずしも「絶対」とは言えなかった。とはいえ、そうしたフランスの王権がヨーロッパ諸外国と比較して強大であったことは確かであり、さらには宮廷における国庫略奪などが、最終的にフランス革命を引き起こした。

　フランス革命により「自由・平等・博愛」が訴えられ、さらに1792年にはフランス史上初となる本格的な共和政府が発足した（第一共和政、〜1804）が、諸党派の対立や対外戦争といった内憂外患に悩まされ、1804年にはナポレオン・ボナパルトが国民投票によって皇帝に即位した（第一帝政、1804〜14）。ナポレオンの没落後、ウィーン体制の成立によりブルボン朝が復活したが、1830年の七月革命および1848年の二月革命によって共和政に回帰した（第二共和政、1848〜52）。この共和政府もまた政情が安定しなかったものの、大統領に当選したルイ・ナポレオンのもとで次第に混乱は収束し、最終的に彼がナポレオン3世として皇帝に即位した（第二帝政、1852〜70）。

　さて、近世以降のフランスを見るに、集権国家としての性質だけでなく、君主政の伝統もフランスは払拭することはできなかった。革命以来の共和政の伝統が訴えられる一方で、19世紀を通じて王党派やボナパルティストといった君主政支持派が常に共和政府の脅威とされた。こうした党派

序章　中世の幕開け

第1章　中世　軍事技術に見る

第2章　フランス

第3章　ドイツ

第4章　スイス

第5章　スペイン

第6章　中世ロシア国家

第7章　ポーランド

第8章　ユーゴスラヴィアの形成

の支持もさることながら、近代フランスで共和政による混乱が顕著である一方、この混乱を収束させたのがいずれも君主の存在であった。現行の第五共和政にしても、憲法において国家元首たる大統領に強大な権限が付与されており、これは今日の先進国では稀なものである。第五共和政の国制は、フランスの君主政の伝統を共和政に導入したある種の妥協として、定められたということもできよう。

　カペー朝に始まる中世のフランス国家の建設は、今日の第五共和政においても「集権国家」と「君主政」という伝統を遺した。何よりカペー朝は、王位の安定的な継承と優れた為政者の出現によって、フランスという国家を形成したのである。中世に形成されたフランスの国家像は、紆余曲折を経て形を変えながらも、今日のフランスにも連綿と受け継がれているのである。

第3章

ドイツ

―普遍的権力と分権化―

　中世におけるドイツ国家の成立は、カール大帝が築いたローマ帝国すなわちフランク王国から分離したことにあり、いわば前章のフランスと兄弟とも言える立ち位置にあった。しかし、フランスが集権化を進めた一方で、ドイツは対照的に分権化が進行し、今日の連邦国家につながる国制が整備される。このフランス国家とドイツ国家が「対照的」な行く末を歩んだ理由とは一体何か。それは、第一にどちらも「カール大帝の後継者」を自認したことにある。フランスが「フランク王国」としての後継者を自認し、最終的にナショナルな共同体に収斂していったのに対し、ドイツが自認したのは「ローマ帝国」、すなわち「普遍的な権威」としての側面であった。

フランク・ローマ皇帝――中世ドイツ君主権の起源

　中世ドイツ国家がカール大帝から継承した「ローマ帝国」の側面とは何であったのか。ここではまず、カールの戴冠に立ち戻って、カール大帝が手にした「ローマ皇帝」という地位がどのようなものであったかを掘り下げてみよう。

　序章で述べたように、800年のカールの戴冠でカール大帝は「ローマ帝国の単独統治者」として即位した。当時の東ローマ帝国では女帝のエイレーネー（位797～802）が在位し、教皇レオ3世はエイレーネーの子供であ

ったコンスタンティノス 6 世の廃位により皇帝位は空位であるとみなした。一般に言われるように、「カールの戴冠により西ローマ帝国が復活した」という観点は、カール自身や同時代人にとって強く意識していたわけではない。

　したがって、カールが称したのもあくまで「ローマ人の皇帝 Imperator Romanum」であり、「西ローマ皇帝」ではなかった。しかし、カールの帝国（フランク王国）は、かつてのローマ帝国とは国家としての性質を根本的に異にするものであった。このため、史学ではカールとその皇帝位を継承した君主を「フランク・ローマ皇帝」と称することが多い。このフランク・ローマ皇帝は、従来のローマ皇帝と比して異質な存在であるが、その最大の点がカール大帝が教皇により戴冠されたことにある。これはカロリング朝断絶以降のフランク・ローマ皇帝（いわゆる神聖ローマ皇帝）にも慣例として継承され、またメロヴィング朝期以来、教会組織が地方統治において不可欠な存在になりつつあった。

神聖ローマ帝国の成立──フランク・ローマ皇帝の継承

　843年のヴェルダン条約で、カール大帝の帝国は三分された。このとき、ルートヴィヒ 2 世（位843〜76）はアウストラシアを中心とする東方の分王国の支配者となり、この分王国は東フランク王国と通称される。東フランク王国は880年に西フランクとリブモン条約を結んでロートリンゲン（ロレーヌ）の大半を手にするなど、西ヨーロッパの中心的な国家として徐々に地歩を固めていった。

　しかし、911年にルートヴィヒ 4 世幼童王がわずか18歳（または17歳）で継嗣なくして没し、カロリング朝の血統が途絶えた。また、この頃はマジャール人の東フランクへの侵入が激化し、王国の防衛が急務であった。こうした情勢を受け、東フランクではザクセン、バイエルン、フランケンな

どといった地域では土着の首長を戴く部族大公が出現した。東フランク地域の部族大公は、かつてカール大帝の征服により解体されたが、外敵の侵入に際し復活を遂げたのである。

部族大公が割拠した東フランクでは、ゲルマンの伝統に立ち返り、カロリング家に代わり自分たちの指導者を選挙で選ぶものとした。こうして、フランケン大公であったコンラート1世（位911〜18）が東フランク王に選

序 章　中世の幕開け

第1章　中世　軍事技術に見る

第2章　フランス

第3章　ドイツ

第4章　スイス

第5章　スペイン

第6章　中世ロシア国家

第7章　ポーランド

第8章　ユーゴスラヴィアの形成

図12　11世紀の神聖ローマ帝国

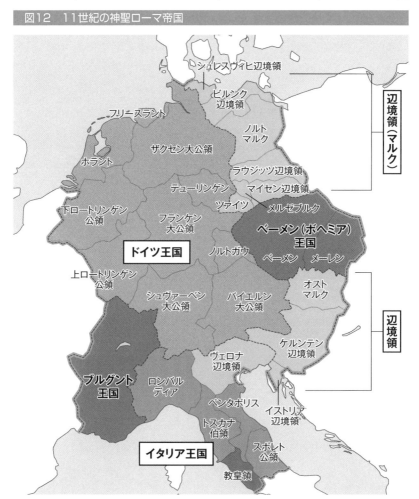

85

出された。だがコンラート１世も継嗣なく没し、再び諸侯選挙によってザクセン公であったハインリヒ１世捕鳥王が919年に王に即位した（〜36）。ハインリヒ１世はあくまで自身を諸侯の代表者 primus inter pares と位置付け、その活動はザクセン公としてのものが目立った。一方で、ハインリヒ１世はマジャール人の侵入を食い止め、さらに西スラヴ人やデーン人に対しても勝利を重ねるなどしてその指導力を発揮した。

　ハインリヒ１世の後継者となったのは、長男のオットー１世（位936〜73）であった。オットー１世は父王とは異なり、諸侯の支配者として振る舞ったことで東フランクでは内乱が生じた。この内乱を鎮圧したオットー１世は１回目のイタリア遠征を敢行するなど（950）、国内のみならずヨーロッパにおける主導的な地位も確立しつつあった。決定的であったのが、955年のレヒフェルトの戦いにおけるマジャール人に対する勝利である。この戦闘の勝利によってマジャール人は以降の西進を断念し、オットー１世の威信は大いに高まった。

　960年、オットー１世は教皇ヨハネス12世（位955〜64）の要請を受け３度目のイタリア遠征を敢行する。オットー１世はこれによりイタリア王ベレンガーリオ２世を廃位し、自らがイタリアの支配者となると、教皇よりローマ皇帝に戴冠された（962）。こうして、西ヨーロッパ世界に久方ぶりとなるフランク・ローマ皇帝が出現した。オットー１世は教皇よりローマ皇帝として戴冠されたことで、カール大帝の正式な後継者としての地位を強調することができた。同時代にカロリング王家がまだ存続していた西フランク王国は、ロベール家をはじめとする大諸侯の圧力を受け、イタリアに赴く余裕などなかった。このオットー１世の戴冠をもって、神聖ローマ帝国が成立したとみなす。

序章
中世の幕開け

第1章
中世
軍事技術に見る

第2章
フランス

第3章
ドイツ

第4章
スイス

第5章
スペイン

第6章
中世ロシア国家

第7章
ポーランド

第8章
ユーゴスラヴィア
の形成

皇帝の至上権と「普遍的な権威」

　しかし、オットー１世の称号はあくまで「皇帝」ないし「ローマ皇帝」であり、カール大帝の後継者として正当な手続きを経たものとみなされた。オットー１世がカール大帝より継承した最大の遺産は「ローマ皇帝」位であり、これは当時のヨーロッパ世界（ローマ・カトリック圏）における至上の君主権を意味した。例えばヴェルダン条約（843）では、中部フランクの支配者であるロタール１世は「ローマ皇帝」位の保持と、名目上とはいえ東フランクと西フランクの王に対する宗主権が認められた。ヴェルダン条約やメルセン条約（870）で三分されて以降も、フランク三王国の君主らはしばしば「ローマ皇帝」位をめぐって抗争を繰り返し、フランク全土に君臨する君主の座を欲した。

　ロタール１世の２人の弟、ルートヴィヒ２世とシャルル２世が長兄の単独支配を認めなかったのも、彼らが権力基盤を失い、「ローマ皇帝」への登位の道が閉ざされることを恐れてのものと考えることもできる。事実、ロタール１世の息子ロドヴィコ２世の死を受け、西フランク王シャルル２世はイタリアに侵攻し「ローマ皇帝」に即位している（875）。皇帝となったシャルル２世は、翌年に亡くなったルートヴィヒ２世の東フランク併合を目論んで侵攻したが、これはルートヴィヒの３子によって撃退され、フランクの再統一は挫折した。このように、分割相続が確定して以降のフランク王国は、のちのモンゴル帝国がカアン（大ハーン）の位をめぐってチンギス統の一族が争ったように、「ローマ皇帝」（フランク・ローマ皇帝）の座をめぐる内紛にあえいだ。

　また、中世におけるヨーロッパ世界はカトリック教会との結びつきが不可分であったが、カール大帝以来の「ローマ皇帝」位を保障したのもカトリック教会、ひいては教皇の存在であった。９世紀後期になると、カロリング朝の男系の血縁が断絶したイタリアでは、「ローマ皇帝」位をめぐり

教皇をも巻き込んだ政治闘争が絶えなかった。855年から924年の間に「ローマ皇帝」となったのは３人のイタリア人と１人のプロヴァンス人であり、この間カロリング家の血を引く皇帝はわずか１人であった。

　では、中世ヨーロッパにおいて「ローマ皇帝」が保持した権威とは一体何であったのか。そもそもキリスト教会とローマ皇帝の関係は、４世紀のローマ皇帝であるコンスタンティヌス１世（大帝、位306〜37）の治世に遡る。コンスタンティヌス１世はローマ帝国でキリスト教を公認するとともに、教父であったカエサレアのエウセビオスの学説を援用し、ローマ皇帝は地上における神の代理人であり、キリスト教徒と教会の保護者としての地位の確立に努めた。このエウセビオスの学説は、一般に「神寵帝理念」として知られるが、カール大帝以来のフランク・ローマ皇帝もまた、エウセビオスによって裏付けられた教会による権威の正統化を必要とした。

　とはいえ、カール大帝と続くフランク・ローマ皇帝（初期の神聖ローマ皇帝を含む）は、教皇に対し事実上の宗主権を及ぼしていたと言える。カトリック教会による君主権の正統化は、他のカトリック諸国においても同様の宗主権を主張しうるものであった。「ローマ皇帝」は教皇と並んで他国の君主に塗油をし、「神の代理人」としての支配権を承認する権限があった。このため、フランク・ローマ皇帝はローマ・カトリック圏全域の支配権を主張しうる、至上の君主としての権威を保持していたと言える。これが、神聖ローマ皇帝に継承された「普遍的な権威」である。

　しかし、この「普遍的な権威」者としての「ローマ皇帝」の地位は、同時に「ローマ帝国」（神聖ローマ帝国）のドイツ諸侯の地位をも相対的に高めることになった。名目的ではあれど、「ローマ皇帝」は他のカトリック諸国の君主の上位に君臨する存在であるが、これは「ローマ皇帝」に直属するドイツ諸侯も、理論的には他国の君主と同等の地位にあることを意味

した。ドイツ（東フランク地域）では部族大公の復活と相まって、次第に諸侯は名目だけではなく実質的な権限を要求するようになる。

帝国教会政策──中央集権化と教会の堕落

　オットー1世の即位によって再興された「ローマ帝国」は、その名に違（たが）わぬ「普遍的な権威」を歴代君主が追求した。ハインリヒ1世に始まるザクセン朝では、オットー3世（位996〜1002）の治世に皇帝権の理想が最高潮を迎えた。母后が東ローマ帝国の皇女であったオットー3世は、古代ローマ帝国の復興を志したが、わずか21歳にして没し、王朝最後の君主となった。このザクセン朝においては、皇帝は教皇の登廃位やイタリアにおける聖職者の任免に積極的に関与した。こうした皇帝による教会介入を裏付けとし、ドイツではある政策が進行した。

　カール大帝以来、西ヨーロッパ各地の教会は地方統治と密接な関係にあった。「両剣論」（92ページ参照）において教会は世俗との間に明確な線引きがなされていたにもかかわらず、教会は地方統治に積極的に関与した。一方で、逆もまた然（しか）りと言わんばかりに、世俗の為政者が教会に介入する事態も黙認された。また、ゲルマン人の地方豪族のなかには、自費で教会を設立し聖職者を雇うといった、私有教会も見られた。これには、信仰による人心の掌握と、地方統治の補佐としての役割を教会に期待したものと考えることもできる。

　こうした教会を利用した地方統治は、当時の「ローマ帝国」でも中央集権の一環として活用されることになった。なかでもドイツ地方は、カロリング朝末期に部族大公が復活したことにより、地方での大公の土着化と彼らの自立が避けられないものとなった。地方の自立は、ドイツの広範な地域が森林などによって隔てられ、交通網が充分に機能していなかったことも影響している。

序章　中世の幕開け
第1章　中世の軍事技術に見る
第2章　フランス
第3章　ドイツ
第4章　スイス
第5章　スペイン
第6章　中世ロシア国家
第7章　ポーランド
第8章　ユーゴスラヴィアの形成

そこで、皇帝は地方の高位聖職者（司教、大司教、修道院長など）の保護を買って出ることにした。そして、各地の教会や修道院に貨幣鋳造権、裁判権、課税権といった特権を承認したのである。これにより、各地の高位聖職者はこぞって皇帝の保護を受け入れることになり、仕上げに彼らの任免権が皇帝にあることを認めさせるのである。こうした高位聖職者を介した中央集権化の試みは、帝国教会政策と呼ばれる。

　しかし、この帝国教会政策には問題もあった。それが聖職者の堕落である。皇帝の恣意的な任免により、不相応な人材の登用が相次ぎ、その結果として各地の教会では聖職者の妻帯や聖職売買（シモニア）などが横行することになった。これは皇帝にとっては些末な事態であったが、西ヨーロッパの聖職者を統括する立場にあるローマ教皇の懸念を自ずと高めることになった。聖職者の堕落により、カトリック教会に対する信徒の信頼は徐々に失われ、各地では修道院を中心に教会の改革を求める声が高まりつつあった。こうした声を受け、教会改革に先鞭をつけたのが、南東フランスのクリュニー修道院であった。

聖職叙任権闘争と「普遍的な権威」の失墜

　この教会改革の期待を背負って教皇に登位したのが、グレゴリウス7世であった（位1073〜85）。グレゴリウス7世は、1075年に著した『教皇教書』Dictatus Papae において、教皇主導のもと、聖職者の任免権を世俗権力から取り戻すことを宣言した。いわゆる聖職叙任権闘争である。さらに、グレゴリウスはこのなかで皇帝の廃位まで教皇が決めることができるとした。こうして始まったグレゴリウス7世の改革（グレゴリウス改革）は、民衆の支持を得たことで急速に拡大し、皇帝にとって脅威となった。帝国教会政策により地方統治に貢献してきた聖職者が罷免されかねない事態となり、皇帝は統治の再考を余儀なくされる。

序章
中世の幕開け

第1章
中世軍事技術に見る

第2章
フランス

第3章
ドイツ

第4章
スイス

第5章
スペイン

第6章
中世ロシア国家

第7章
ポーランド

第8章
ユーゴスラヴィアの形成

　グレゴリウス改革は、聖職者の堕落の原因とされた帝国教会政策をめぐり皇帝と教皇との直接対決を引き起こした。当時の「ローマ帝国」はザーリアー朝の君主が続き、このなかでドイツ王ハインリヒ4世（位1053〜1105）が猛然と教皇に反発してきた。ここに、皇帝と教皇による聖職叙任権闘争が開始したものとみなす。

　ハインリヒ4世は教皇の廃位を主張したが、これに対してグレゴリウス7世は皇帝の破門を宣言した。破門とはキリスト教徒としての教会内での宗教的権利を、無制限に停止することである。ここでいう「教会」とは、建築物としてのそれではなく、宗教共同体を意味する。すなわち破門されると、その人物は「異教徒」となる。異教徒になると教会によって生命や財産が保護されず、権力者にいたっては統治権そのものが否定されかねない。前述の『教皇教書』における「皇帝の廃位」に事実上相当するのである。

　実際に、ハインリヒ4世が破門されると、諸侯は王に反旗を翻し、ハインリヒ4世は窮地に陥る。そこで、ハインリヒ4世は1077年、北イタリアのカノッサ城に逗留していたグレゴリウス7世に赦免を求めた。これが世に言う「カノッサの屈辱」である。グレゴリス7世はハインリヒ4世の破門を解いたが、事態はこれで終結したわけではなかった。ハインリヒ4世はドイツに帰国すると諸侯の反乱を鎮圧し、国内の平定に成功した。

　これを背景にイタリア遠征を敢行し、1084年にローマを包囲してグレゴリウス7世を追放した。ハインリヒ4世は代わってクレメンス3世を教皇に擁立し、彼の手でローマ皇帝に戴冠される。ローマを追われたグレゴリウス7世は、南イタリアのノルマン人に保護され、サレルノで翌年に客死した。

　ハインリヒ4世は皇帝に即位したものの、晩年は長男ハインリヒの反乱により廃位され、失意のうちに没した。「カノッサの屈辱」自体は聖職叙任権闘争の一局面に過ぎず、この時点では決着はついたとは言えない。最

終的な解決は、次の世代まで待たねばならなかった。ハインリヒ４世に反乱を起こして即位したハインリヒ５世（位1098〜1125）は、聖職叙任権闘争の解決を図り、1111年に教皇パスカリス２世との間にポンテ・マンモロ協約を結んだ。ポンテ・マンモロ協約では、皇帝は教会の聖職叙任権を完全に放棄し、代わりに教会が世俗的な諸権利（土地・課税など）を返還するというものであった。しかし、ローマ教会はこれに反発してハインリヒ５世の破門を宣言、ドイツ諸侯も皇帝に反乱を起こし、ハインリヒ５世は1122年にポンテ・マンモロ協約に代わるヴォルムス協約を、教皇カリクストゥス２世と結ばざるを得なくなった。

　ヴォルムス協約は皇帝と教皇の妥結とも言えるものであり、聖職叙任権は教皇の手にあることが再確認され、一方で皇帝は高位聖職者の選出に臨席する権利を得た。さらに、皇帝は高位聖職者に対し、土地の所有権といった世俗的な権利を与える権限が承認される。

　以上の内容から、ヴォルムス協約で皇帝が実質的に失った権限はないに等しい。では、ヴォルムス協約の意義とは何か。それは、教会権と皇帝権（あるいは君主権）の明確な分離である。

聖権と俗権の分離──ゲラシウスの「両剣論」

　ヴォルムス協約に見られる聖権と俗権の分離の試みは、すでに５世紀からローマ教会で議題とされた。当時ローマ教皇であったゲラシウス１世（位492〜96）は、時の東ローマ皇帝アナスタシウス１世（位491〜518）に宛てた書簡において、聖職者の権威と君主の権力の関係について述べている。この書簡において、ゲラシウスは聖職者の権威は君主の権力を上回っていること、さらに両者の機能は互いに独立していることを主張した。この聖職者の権威と君主の権力は、最後の晩餐における二振りの剣にちなんで「両剣論」と呼ばれ、それぞれの剣が皇帝権と教会権を象徴するものと

された。

　ゲラシウスの「両剣論」は中世の東西ヨーロッパを通じて論争の議題に上がり、西欧中世の政治思想に多大な影響を与えた。とはいえ、ゲラシウスの理論は、あくまでも教会権の優越は「聖界」に限られたものであり、逆に「俗界（ここでは政治）」における教会権を正当化したわけではなかった。ゲラシウスの「両剣論」の骨子は両者の自立と相互不干渉にあり、かつ両者は互いに協力し合う関係であるべきとされた。

　カール大帝以来のフランク・ローマ皇帝たちは、聖権と俗権を掌握した君主としてヨーロッパ世界に君臨していた。実際に、カール大帝をはじめザクセン朝までのフランク・ローマ皇帝は、しばしば教会に対する干渉を当然のように行使していた。しかし、ヴォルムス協約で皇帝が聖職叙任権を失ったことが明文化されたことで、「普遍的な権威」としての皇帝権は失墜したことになる。形骸化しつつあったとはいえ、「ヨーロッパ世界（ローマ・カトリック圏）の支配者」としての皇帝権は、完全に失われたのである。

　ヴォルムス協約の第二の意義は、皇帝から聖職叙任権が失われた一方で、世俗の君主としての性質が確立したことにある。帝国教会政策に見られるように、従来の皇帝は俗権と聖権を時と場合に応じて使い分けながら、君主権の確立を図ってきた。しかし、聖権が失われてしまった今、俗権の支配者として聖俗諸侯との関係再編が促されることになった。

　聖俗諸侯の権利は皇帝によって承認され、部族大公のみならず各地の城の所有者、さらには司教や大司教といった聖職者までもが、皇帝との封建契約により世俗領主としての性格を強めることになった。各地に土地を所有する教会もまた、独立した領主としての人格が認められ、これによりドイツは諸侯領、さらには各地の諸侯領を分断する教会領が割拠し、のちの領邦の起源となった。

序章　中世の幕開け
第1章　中世軍事技術に見る
第2章　フランス
第3章　ドイツ
第4章　スイス
第5章　スペイン
第6章　中世ロシア国家
第7章　ポーランド
第8章　ユーゴスラヴィアの形成

ヴォルムス協約により、一連の聖職叙任権闘争は終焉を迎えた。教皇は当初の目的どおりに叙任権を取り戻し、他方で皇帝は世俗的な権威の保持者となり、双方が実質的に獲得も喪失もしていなかった。しかし、この妥結は皇帝の「普遍的な権威」の失墜をもたらし、ドイツの分権化に決定的な影響を及ぼしたのである。そして、この頃より「ローマ帝国」のアルプス以北の地域はドイツ王国、そしてその君主号としてドイツ王 Rex Teutonicorum がそれぞれ公的に用いられるようになる。

イタリア政策──失われた「普遍的な権威」を求めて

　ハインリヒ５世は継嗣なくして没し、これによりザーリアー朝は断絶した。ズップリンブルク家のロタール２世の治世を挟み、1138年より「ローマ皇帝」位を世襲したのはシュタウフェン家であった。シュタウフェン家はゲルマン系とされるアラマン人の有力貴族の家系であり、ザーリアー朝とも通婚しシュヴァーベン大公となるなど、帝国における大貴族の一角を占めた。このシュタウフェン家のコンラート３世（位1138〜52）がドイツ王に選出され、これにより「ローマ帝国」にホーエンシュタウフェン朝が成立した。

　ホーエンシュタウフェン朝には特筆すべき皇帝が２人いる。１人はフリードリヒ１世赤髭帝（バルバロッサ、位1152〜90）であり、彼は最も積極的にイタリア政策を展開した。イタリア政策はロンバルディア同盟（107ページ参照）の抵抗によって挫折したが、それでも歴代の皇帝・ドイツ王のなかで最も成功を収めた人物と言える。国内においても帝国最大諸侯であったザクセン大公およびバイエルン大公であったハインリヒ獅子公（ザクセン公：位1142〜80、バイエルン公：位1156〜80）を追放するなど帝権の強化に邁進した。フリードリヒ１世は1189年に第３回十字軍に参加するが、その途上で没する（死因として卒中による溺死などが唱えられる）。また、フ

リードリヒ１世はローマ法を援用した皇帝権の理論化も学者に促した。

　もう１人はフリードリヒ２世（位1196〜98、1212〜50、一時ドイツ王位を
オットー４世に追われた）である。彼はフリードリヒ１世の孫で、母方の
祖父は南イタリアのシチリア王国の建国者ルッジェーロ２世であった。し
たがって、フリードリヒ２世はドイツ王位とシチリア王位の継承権を有し
た。幼少期を国際色豊かなシチリアで過ごしたフリードリヒ２世は、ラテ
ン語、ギリシア語、アラビア語など６カ国語に精通する人物であり、1228
年に彼が率いた第６回十字軍では、アイユーブ朝のスルタン・アルカーミ
ルと直接交渉の末、聖地エルサレムを10年の期限付きながら回復するとい
う異例の成功を収めた。

　一方で彼はドイツには治世を通じてほとんど滞在せず、シチリア島のパ
レルモに宮廷を定めてここに起居した。フリードリヒ２世もまたイタリア
政策を積極的に推進したが、祖父フリードリヒ１世ほどの成功を収めるこ
とはついになかった。

　フリードリヒ２世は古代のローマ帝国の再興を夢見た１人であり、その
ため彼にとって帝国の本拠はあくまでイタリアにあった。本来の「本土」
であるはずのドイツは彼にとっては「属州」であり、帝国を構成する一地
域に過ぎなかったのである。フリードリヒ２世はその治世で３度にわた
り、ドイツの聖俗諸侯の特権を承認した。これにより聖界諸侯（教会）が
有していた特権が俗人諸侯にも拡大され、ドイツの分権化に決定的な役割
を果たしたとされる。とはいえ、ドイツの分権化はすでにヴォルムス協約
の時点で顕著になりつつあり、フリードリヒ２世の承認した特権も、従来
の諸侯の権限を追認したものと言える。

　一連のイタリア政策は、教皇をはじめとするイタリアに対する政治闘争
であったが、これは先のヴォルムス協約で失われた「普遍的な権威」を回
復しようとする、歴代皇帝の試みだったとも言えよう。フリードリヒ１世

序章　中世の幕開け
第１章　中世　軍事技術に見る
第２章　フランス
第３章　ドイツ
第４章　スイス
第５章　スペイン
第６章　中世ロシア国家
第７章　ポーランド
第８章　ユーゴスラヴィアの形成

が帝権の正当化にローマ法を援用したのも、教皇の権威に対抗するひとつの手段だったとみなすこともできる。最終的に挫折したとはいえ、いずれにせよ、フリードリヒ１世やフリードリヒ２世といった英傑に恵まれたホーエンシュタウフェン朝が、帝権の最盛期を現出させた王朝であることに変わりはない。しかし、このホーエンシュタウフェン朝による帝権の拡張は、ローマ教皇にとっては脅威にほかならなかった。教皇にとってホーエンシュタウフェン朝は悪夢のような存在であり、その「トラウマ」が王朝断絶後のドイツに厄災をもたらすことになる。

「普遍的な権威」の回復の試みは、1157年のフリードリヒ１世の詔勅より「神聖帝国」Sacrum Imperium という名称が登場したことからも窺える。さらに、ホーエンシュタウフェン朝末期の13世紀半ばには、「神聖ローマ帝国」Sacrum Romanum Imperium という呼称が次第に定着し始める。

イタリア政策と領邦国家の形成

さて、ここでホーエンシュタウフェン朝が積極的に遂行したイタリア政策について見てみよう。そもそも神聖ローマ皇帝に即位するためには、２段階または３段階の過程を踏まねばならなかった。まず、皇帝候補者はドイツで諸侯選挙により選出される必要がある。こうして選出されたのち、アーヘンでローマ王（正式には「ローマ人の王」Rex Romanorum、またはドイツ王）として戴冠される。続いてローマ王はイタリアに遠征し、11世紀からはミラノでロンバルディアの鉄王冠を戴き、イタリア王として戴冠されなければならなかった。そして最後にローマを目指し、教皇の手でローマ皇帝に戴冠されることでようやく皇帝に即位するのである。このため、歴代のドイツ君主のすべてが皇帝に戴冠されるとは限らず、皇帝に即位することなくローマ王（ドイツ王）のまま生涯を終える人物も少なくなかった。

このうちイタリア遠征が皇帝候補にとって障害となることが多く、とり

わけ聖職叙任権闘争以来、北イタリア諸侯は皇帝支持派（ギベリン）と教皇支持派（ゲルフ）に分かれて対立し、教皇支持派が皇帝のイタリア遠征を妨げる事態が通例となった。このため歴代の神聖ローマ皇帝ないしローマ王は、イタリアにおける権力基盤の確立に熱中した。これは後継者への円滑な権限委譲や、地中海貿易によりもたらされるイタリア諸都市の富を目的としたものであった。

　したがって、なかでもローマで戴冠式を挙げた皇帝たちは、イタリアでの滞在期間が長くなる傾向にあった。このため本国ドイツの諸侯は、皇帝の留守を預かるという名分のもとに皇帝より特権を引き出し、あるいは皇帝のイタリア遠征に従軍する見返りとして、様々な特権を享受することになった。とくにフリードリヒ2世が諸侯に認めた特権は、こうした特権のなかでも一際顕著なものであった。

　神聖ローマ帝国で最もイタリア政策に成功したホーエンシュタウフェン朝は、フリードリヒ2世の死後、彼の後継者が短命あるいは権力基盤が脆弱だったこともあり、教皇の介入もあって1272年に断絶した。これと並行して、ドイツでは1254年よりホーエンシュタウフェン朝の対立王が登場し、さらに1256年には外国の君主や諸侯が皇帝候補に名乗りを上げるなど、のべ4人もの候補者が出たものの、教皇の介入などもあり単独の支配者は現れなかった。

　この1256年に始まる混乱期は、「大空位時代」と呼ばれる。この混乱を収拾したのが、スイスに居城を持つハプスブルク家のルドルフ1世（位1273〜91）であった。しかし、この当時のハプスブルク家は後世のように皇帝位を世襲するほどの政治基盤を有してはおらず、ルドルフもローマ王にとどまり皇帝に即位することはなかった。

　ルドルフ1世の即位により帝位をめぐる混乱は収拾に向かい、1308年にようやく世襲王朝が再来した。それがベーメン（ボヘミア、現在のチェコ西

序章　中世の幕開け

第1章　中世 軍事技術に見る

第2章　フランス

第3章　ドイツ

第4章　スイス

第5章　スペイン

第6章　中世ロシア国家

第7章　ポーランド

第8章　ユーゴスラヴィアの形成

部）王家のルクセンブルク朝であった。このルクセンブルク朝の皇帝カール4世（位1347〜78）は、大空位時代への反省からローマ王選出を明文化することとした。こうして1356年のニュルンベルクにおける帝国会議で諸侯に公布されたのが、金印勅書と呼ばれる詔勅である。この金印勅書では、ローマ王選挙権をマインツ・ケルン・トリーアの3大司教、ベーメン王、ザクセン公、ファルツ伯（ライン宮中伯）、ブランデンブルク辺境伯の七選帝侯に限定し、対立王の擁立や教皇をはじめとする外国君主の干渉を排除することが記された。

　一方で、選帝侯には完全な裁判権、貨幣鋳造権、関税徴収権、鉱山採掘権などが承認された。これらはローマ王に準じる特権ともいうべきもので、特権を認められた選帝侯をはじめとする諸侯は、これらの権限を自領で行使し集権化を図ったのである。こうして、諸侯領では選帝侯を中心に集権化が進められる一方で、神聖ローマ帝国（ドイツ王国）の分権化は後戻りできないものとなった。こうして集権化を進めた諸侯領は、次第に「領邦」Territorium と呼ばれることになる。ドイツは16世紀までに、300もの領邦の集合体となる。

　しかし、カール4世はドイツをただ時流に任せて分断させたわけではない。カール4世の頃より、領邦は次第に共通の利害関係を持つ同等の身分としての家臣団にまとまり始めた。この家臣団は帝国等族と呼ばれるが、この帝国等族はローマ王の課税に際して帝国議会に出席し、これを承認する権限が与えられた。ローマ王ないし皇帝はこれら帝国等族の調整役となり、ここにドイツは選挙王政（選挙帝政）を確立させ、帝国の一体性と永続性は保たれたと言える。

「普遍的な権威」という理想

　15世紀より神聖ローマ皇帝位は、ハプスブルク家の手により事実上世襲

されることになる。ハプスブルク家の世襲の時期にも、ローマ王は選帝侯の選挙により選出されたが、ハプスブルク家以外の対立候補が選出されることは稀であった。ドイツ諸侯も過度な中央集権はともかく、帝国の一体化を求めた結果とも言える。確かに聖職叙任権闘争によりドイツ諸侯の自立は進んだが、しかしドイツ諸侯も国家の完全な分断を望んだわけではなかった。カール４世の金印勅書における特権の承認は、こうしたドイツ諸侯と皇帝の意図が合致した結果と言えるものであった。

　それでもなお、神聖ローマ皇帝は「普遍的な権威」の追求を完全に放棄したわけではなかった。その最後の試みとなったのが、カール５世（位1519〜56）であった。カール５世が理想とした神聖ローマ帝国像は、当時の情勢から乖離（かいり）したものと捉えられたが、それでも全くの現実離れというわけではなかった。カール５世はスペイン王位（スペイン王としてはカルロス１世、位1516〜56）を兼ね、さらに父方の祖母からブルゴーニュ公の称号とアルプス以北の経済の中心地であったネーデルラントを手にした。スペイン王としての彼はマゼランの世界周航を支援し、新大陸へはコンキスタドールと呼ばれた冒険家たちが富と名声を求めて相次いで進出した。カール５世の支配域は世界中に及び、「普遍的な権威」としての威光に弾みをつけた。

　だが、祖父の代から続くイタリア戦争（1494〜1559）により、ヨーロッパでは教皇や神聖ローマ帝国といった「普遍的な権威」をともなわない、列強と呼ばれた諸国による主権国家体制（勢力均衡）による国際秩序が誕生した。さらに、彼の治世に先立ってルターが開始した（1517）宗教改革により、新教（プロテスタント）が拡大したことで、プロテスタント諸侯との妥結を余儀なくされた。カール５世は800年のカール大帝に倣（なら）い、「普遍的な権威」による帝国さらにはヨーロッパの統合を目指したが、この試みは挫折することになった。

　カール５世はローマで教皇により戴冠された最後の神聖ローマ皇帝とな

序章　中世の幕開け

第1章　中世　軍事技術に見る

第2章　フランス

第3章　ドイツ

第4章　スイス

第5章　スペイン

第6章　中世ロシア国家

第7章　ポーランド

第8章　ユーゴスラヴィアの形成

り、以降の皇帝はローマ王選出の帝国議会が開かれるフランクフルトで皇帝の戴冠式を挙行するようになった。また、第2章のフランスでも触れたナショナルな共同体意識の台頭が反映され、カール5世の治世に先立ち1512年には「ドイツ国民の神聖ローマ帝国」Heiliges Römisches Reich Deutscher Nation が帝国の正式名称となっていた。

　宗教改革の影響により、神聖ローマ帝国はプロテスタントとカトリックの対立に悩まされた。17世紀にはこの宗教対立が、三十年戦争（1618〜48）というヨーロッパ諸国をも巻き込んだ大戦争を引き起こした。その講和条約であるヴェストファーレン条約（ウェストファリア条約）では、ドイツ領邦に完全な主権が与えられた。しかし、条約では「帝国に敵対しない限り」という留保が設けられており、ヴェストファーレン条約は帝国の分断よりも両方の結束を促した。いわば今日に至る、連邦国家としてのドイツの方向性が確立したのである。

　カール5世以降も、ハプスブルク家の当主らによって「普遍的な権威」は継承された。ハプスブルク家は婚姻政策を中心に所領を拡大し、本拠地のオーストリアに加え1700年までにはチェコ人、スロヴァキア人、ポーランド人、マジャール（ハンガリー）人、クロアティア人、ルーマニア人などを包含する多民族国家の様相を呈した。しかし、これらの支配域はあくまでハプスブルク家の当主を共通の君主とする同君連合であり、オーストリアを頂点とする一元支配では必ずしもなかった。このため、近世以来のハプスブルク家の所領を包括して「ハプスブルク君主国」と称される。

　ハプスブルク君主国をまとめ上げたのも、カール大帝以来の皇帝が主張した「普遍的な権威」にほかならない。ハプスブルク君主国は19世紀に入るとナショナリズムの台頭により解体の危機に何度となく直面したが、20世紀初頭までその一体性をかろうじて保った。

　第一次世界大戦で敗戦国となったハプスブルク君主国＝オーストリア

序章
中世の幕開け

第1章
軍事技術に見る
中世

第2章
フランス

第3章
ドイツ

第4章
スイス

第5章
スペイン

第6章
中世ロシア国家

第7章
ポーランド

第8章
ユーゴスラヴィア
の形成

は、君主国の解体とともに「国民国家」に分断された。しかし、ハプスブルク君主国、ひいてはオーストリアに継承された「普遍的な権威」は、戦間期より新たな運動の原動力となる。オーストリアの国際的政治活動家であったリヒャルト・クーデンホーフ・カレルギー伯（1894〜1972）は、汎ヨーロッパ連合を設立し、ヨーロッパ統合運動の先駆となった。クーデンホーフ・カレルギー伯の没後に汎ヨーロッパ連合の会長となったのが、ハプスブルク家当主であったオットー・フォン・ハプスブルク（1912〜2011）であった。カレルギーの汎ヨーロッパ運動は第二次世界大戦後のヨーロッパ統合運動の主流から外れたものの、その精神は1950年のシューマン゠プランや52年に発足したヨーロッパ石炭鉄鋼共同体（ECSC）にも受け継がれた。オットー・フォン・ハプスブルクは1979年よりヨーロッパ議会議員も歴任し（〜99）、ECSCののちヨーロッパ共同体（ＥＣ）やヨーロッパ連合（ＥＵ）において重要な役割を果たした。

　今日のＥＵの起源がカール大帝の「西ローマ帝国」にあることは序章でも述べたが、カール大帝以来の「普遍的な権威」を継承し、これを今日まで生き永らえさせたのが、中世ドイツ国家の君主たちであった。彼らが夢見た普遍的世界は、ＥＵという形で現実のものとなり、その加盟国はかつてのカール大帝の「西ローマ帝国」の領域を越え、文字通りヨーロッパ全域を統合するかに見えた。

　しかし、カールの帝国やハプスブルク君主国がそうであったように、21世紀を迎えたＥＵは分断と解体の危機に直面している。ここでもＥＵに立ちはだかっているのが、ナショナルな共同体としての国民意識である。ヨーロッパ統合の理想と現実、そして今後の展望はいかなる道をたどるのか。中世のドイツ国家の変遷は、この問いに重要な示唆を与えるものかもしれない。

第4章

スイス

―戦闘技術とスイス国家の形成―

　中世におけるドイツ国家は、聖職叙任権闘争により「普遍的な権威」を君主が失ったことを契機に、分権化が進行した。分権化の進行は国家の解体とは必ずしも言えなかったが、例外的にドイツ国家の統制から離れた勢力が13世紀末に誕生する。1291年、アルプス山脈の東方に位置するウーリ、シュヴィーツ、ウンターヴァルデンの３邦 Kanton（森林三邦あるいは原初三邦と称される）の代表が「永久盟約」Bundesbrief と呼ばれる文書に調印した。この「永久盟約」の締結をもって、盟約者団 Eidgenossenschaft と呼ばれる政治体が成立した。これが今日のスイス国家の原型となる。このスイス国家の形成が、中世のヨーロッパに新たな転換をもたらすことになるのである。

スイスという辺境

　そもそもこのスイスという地域は、中世盛期まではヨーロッパの辺境にあった。今日のスイス連邦は、北はドイツ、南はイタリア、西はフランス、東はオーストリアと隣接し、地理的にはヨーロッパのほぼ中央に位置する。しかし、スイスはアルプス山脈の北麓（スイスアルプス）上に位置し、今日の国土においても山地と高原がそれぞれ半数ずつを占めている。山地と高原という地勢は必然的に他地域との交流から疎遠となり、一方で古くからの慣習や伝統が維持されやすいという特徴がある。

古代のスイスは紀元前1世紀まではケルト系住民が居住し、カエサルの
『ガリア戦記』にはヘルウェティイ族などの部族についての記述がある。
ローマの支配下では属州ラエティア Raetia, Rhaetia と称され、ローマ国
境に近いこの地の住民は、同盟部族軍 Foederati に編入され、しばしばそ
の防衛にあたった。ローマ時代のスイス（ラエティア）は他地域との交流
が比較的活発であったが、4世紀に始まる民族大移動でローマの交通網と
交易網が失われ、孤立した地域となった。3世紀にゲルマン人の南下が顕
著になると、ラエティアに進出したのはアラマン人（またはアレマン人、
羅：Alamanni、独：Alemannen）であった。アラマン人の原型となった集
団はゲルマン系であったが、次第にライン上流域のローマ系住民やケルト
人との混血が進み、民族集団としての形成が進んだ。

　民族大移動期のアラマン人は王国を形成し、アルプス山脈中央からライ
ン川中流域にかけて支配域を拡げたが、5世紀末期にクローヴィスに敗北
しフランク王国の支配下に入った。このときに住民のカトリック改宗も進
行する。アラマン人はゲルマン系ないしケルト系のスエビ人 Suebi とも混
血し、その居住域は今日の南西ドイツからスイス一帯に広がった。南西ド
イツ地方はスエビ人の名にちなみ、シュヴァーベン Schwaben と称され
るようになった。フランク王国は9世紀に分断し、スイスはこのとき3国
（東フランク、西フランク、イタリア）の境界上に位置し、理論的には分断
された。しかし、実際は急峻（きゅうしゅん）な地勢により中央政府の統制は強くはなく、
またヴァイキングやマジャール人といった外敵の影響も、比較的少ないも
のであった。アラマン人を中心とするスイス人たちは、こうした地理的な
条件の下で古代以来の伝統を保ち続けてきたのである。

峠の開削──アルプス中継交易の繁栄

　13世紀になると、こうしたアルプスの情勢が一変する出来事が生じる。

序章
中世の幕開け

第1章
中世軍事技術に見る

第2章
フランス

第3章
ドイツ

第4章
スイス

第5章
スペイン

第6章
中世ロシア国家

第7章
ポーランド

第8章
ユーゴスラヴィアの形成

アルプスを南北に縦断する交通路が、複数開削されたことである。これら
の峠は渓谷に架橋されるなど乗馬道として整備され、ドイツ・イタリア間
を行き交う人々は、その移動時間が大幅に短縮されることになった。1230
年にシェレーネン峠 Schöllenen、ほどなくしてルクマニアー峠
Lukmanier、そして1236年にはザンクト・ゴットハルト峠（仏：サン・ゴ
タール峠）Sankt Gotthard が相次いで開通した。なかでもザンクト・ゴッ
トハルト峠は、イタリアへ抜けるとミラノにまで通じ、これらの峠のなか
でも交通量が多かった。

　この峠の開削により、スイス地方はドイツとイタリアをつなぐ中継貿易
で、にわかに活況を呈した。とりわけこの中継貿易の利を享受したのが、
ルツェルンやツューリヒ、ベルンといった諸都市であった。スイスにおけ
る都市はおもに西部で形成され、一方でアルプスの中央に位置する東部で
は、林業や農業といった一次産業を経済基盤とする地域が多かった。いず
れにせよ、スイス地方はアルプス交通路の開通によって次第に都市化が進
むこととなる。また、都市部や農村部にかかわらず、スイスでは古代ゲル
マンに由来する市民皆兵制の伝統が強く根付いていた。この市民皆兵制
が、スイスの社会・軍事制度に多大な影響を及ぼす。

　アルプス交通路の開削は、イタリアへの交通路確保を目論むローマ王
（ドイツ王）の注目を集めることになった。ザンクト・ゴットハルト峠の
イタリア側の出口は、ローマ王のイタリア遠征に際して諸侯の集合地点と
された。このため、それまではたいして見向きもされていなかったスイス
という地域が、政治的にも重要な拠点とみなされようとしていた。スイス
への介入を本格的に進めた最初の君主が、ハプスブルク家のルドルフ１世
であった。大空位時代を終わらせたローマ王として知られる彼は、そもそ
もこのスイスに居城を持つ領主であった。

　このためルドルフ１世は、スイス地方への介入を強めることにした。だ

序章
中世の幕開け

第1章
中世　軍事技術に見る

第2章
フランス

第3章
ドイツ

第4章
スイス

第5章
スペイン

第6章
中世ロシア国家

第7章
ポーランド

第8章
ユーゴスラヴィアの形成

が、この試みは現地のスイス人の反発を徐々に高め、ルドルフ1世の支配権は充分に確立されたとは言い難い。というのも、ルドルフ1世は終生イタリア遠征を敢行することができず、正式な神聖ローマ皇帝として戴冠されることはなかったからである。

またルドルフ1世は、彼の対立王であったベーメン王オタカル2世に勝利したことで手にしたオーストリアの経営に着手したことも、スイス政策に充分な成果をもたらすに至らなかった

モルガルテンの戦い、『チャヒトラン年代記』Tschachtlanchronik より。

一因と言える。いかんせん、ルドルフ1世はドイツにおいてローマ王としての地位を確立するために各地へ奔走せざるを得ず、スイスに注力できる状況になかった。

そのルドルフ1世が没した1291年に、スイスの母体となる「永久盟約」が森林三邦によって結成されたのである。1315年にモルガルテンの戦いで、シュヴィーツの民兵がオーストリアの遠征軍に勝利を飾った。これを機に、スイス独立抗争が本格的に始まったとされる。

都市同盟の拡大

しかし、この「永久盟約」を起点とする盟約者団は、その性質が都市同盟から大きく外れることはついになかった。都市同盟とは、11世紀より西

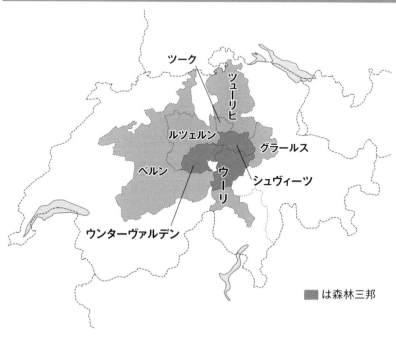

図13　スイス盟約者団の拡大

ツーク

ツューリヒ

ルツェルン

グラールス

ベルン

ウーリ

シュヴィーツ

ウンターヴァルデン

■ は森林三邦

　ヨーロッパ各地で都市が勃興すると、複数の都市間で権益を防衛ないし独占する目的で結成された同盟である。ここで、都市同盟のみならず、中世ヨーロッパにおける「都市」という存在がいかなるものであったかについて触れることにしよう。

　11世紀後半には、第2次民族大移動が次第に落ち着きを見せ始めた。気候の温暖化にも後押しをされ、この時期の西ヨーロッパを中心に農業において革新があった。耕作方法では三圃制（耕地を春耕地、秋耕地、休耕地に分け、収穫期の異なる小麦を交互に栽培し、適宜土地を休ませるもの）が普及し始め、農具では重量有輪犂など鉄製農具が農民の手に渡った。また、カロリング朝期より広まり始めた水車により、穀物の脱穀・製粉作業がいくぶん効率的となった。こうして西ヨーロッパ全土で徐々に人口の増加が顕

著となった。膨張し始めた人口の一部は、十字軍としてヨーロッパ世界の外へと向かうエネルギーとなる。

　農村では人口増加とともに余剰生産物が生じ、これらの取引のために市場が形成された。当初の市場は定期市の形態をとっていたが、市場の開場が常態化すると、市場を中心に周辺村落が共同体を形成した。これが都市、すなわち中世都市の成立である。これらの都市（独：Burg、仏：bourg）は周囲を城壁で囲われているという共通点があった。古代も同様であったが、城壁内（都市の内部）に居住する市民はエリートとみなされ、フランスではこうした都市民は次第に「ブルジョワ」bourgeois と呼ばれた。

　ただし、都市に住むすべての住民が「市民」であるとは限らず、正式な市民とみなされたのはごくわずかであった。市民の多くは市内に自身の店舗を有する商工業者（同業者組合のギルドでいえば親方）であり、彼らだけが市参事会に出席して市政参加を許された。一方で、農村邦や村落では古代ゲルマンの民会に起源を持つ住民集会 Landsgemeinde が開かれ、事実上の地方自治がなされていた。今日のスイスの一部で維持される直接民主政は、この住民集会が維持されたものである。

　しかし、都市が成立した地は、本来の支配者＝領主がおり、都市は領主の統制から離れようと自治権を要求した。自治権の見返りとしては一括金の支払いや、場合によっては武力闘争によるなど様々であった。こと中世ドイツ国家では、在地の領主に対抗するため、都市はローマ王（神聖ローマ皇帝）の直属となり、貢納や軍役といった義務から解放される都市も多かった。これらの都市は帝国都市あるいは帝国自由都市と呼ばれる。また、中世ヨーロッパ社会では「自力救済」が原則とされたため、都市は絶えず近隣領主との私闘 Fehde に晒されていた。そこで、都市間でこうした近隣領主や外国君主に対抗するために、都市同盟が各地で発足する。12〜13世紀にローマ王のイタリア政策に対抗したロンバルディア同盟はその

典型である。

　都市の形成にともない、市民権をめぐる問題も生じた。スイスも含めたドイツ都市では、当初の市参事会で実権を握っていたのは在地貴族や商人ギルドからなる都市貴族層であった。市民皆兵制の伝統に従い、彼らには都市防衛の義務が課されたが、商人は自らが武装するよりも俸給騎士や傭兵を雇用するなどの場合が多かったようである。しかし、次第に手工業者（職人）らによる職種別の同職ギルド（ツンフト）Zunft が、都市貴族による市政独占に反発し、ツンフト闘争と呼ばれる政治闘争を展開した。スイスでも13世紀のベルン市の例をはじめ、各都市でツンフト闘争が広がり、この結果として手工業者にも市参事会の門戸が開かれた。

　盟約者団に加盟した諸都市も、基本的には中世都市そのものである。スイスの場合は、都市を中心に周辺村落も支配し、半領域国家となったものも現れた。このため都市を中心とした共同体を、便宜的に「邦」と呼んでいる。スイス諸都市では国防の主体は住民からなる民兵団であり、市民皆兵制の伝統が反映されたものであった。都市ではギルド単位で平時より軍事訓練が施され、ギルドの親方は戦場ではギルド部隊を率いる分隊長 Rottenmeister となった。各ギルドは予め戦場での部隊配置や役割が決められており、日常生活での結束力が戦場でもそのまま活かされることになった。

　盟約者団には、モルガルテンでの戦勝より近隣邦の加盟が相次ぎ、1353年までにルツェルン、ツューリヒ、ツーク、グラールス、そしてベルンを加えた「八邦同盟」に発展した。八邦同盟では、従来の森林三邦をはじめとする農村邦 Land に、ベルンに代表される都市邦 Stadt が加わったことで、同盟の体質に変化が生じることになる。八邦同盟となった盟約者団は、ハプスブルク家だけでなく積極的な対外進出を繰り返し、アルプス一帯の経済圏の独占を目指した。この時期の盟約者団の戦争は、直接利害の

序章
中世の幕開け

第1章
中世
軍事技術に見る

第2章
フランス

第3章
ドイツ

第4章
スイス

第5章
スペイン

第6章
中世ロシア国家

第7章
ポーランド

第8章
ユーゴスラヴィア
の形成

ある邦が抗争を引き起こし、これに森林三邦などの友好邦が適宜援助をするというものであった。したがって、盟約者団の対外進出は統一的な方針を持たず、また全加盟邦からなる「スイス軍」たる組織も存在しなかった。後年の加盟邦は、盟約者団という都市同盟を自邦の勢力拡大に利用しているに過ぎなかったのである。

盟約者団が一枚岩でなかったにもかかわらず、スイスは各地の対外戦争で勝利を挙げた。盟約者団の戦闘技術は、古代より受け継がれた歩兵を主体とするものであり、西ヨーロッパの戦場に「歩兵の復

大ディーボルト・シリンクによる『絵入り年代記』Spiezer Chronikに描かれたラウペンの戦い。1339年に森林三邦と同盟したベルンが、フリブールの連合軍に勝利したこのラウペンの戦いは、西スイスの覇権をめぐる一連の抗争に決着をつけるものであった。同時に、フリブールの騎兵に対し森林三邦の歩兵が壊滅的な損害を被ったことから、「農村のスイス」の戦闘による課題が垣間見える結果となった。

活」を強く印象付けるものとなった。とはいえ、この時期の盟約者団（なかでも農村邦）の戦闘は、森林や山地といった地勢を利用した「奇襲」の域を出るものではなく、1386年のゼンパハの戦いは盟約者団の勝利に終わったものの、彼らの戦闘技術の限界を示す最初の実例が示された。ゼンパハの戦いは農村邦を中核とする盟約者団が、ハプスブルク家の下馬騎士に壊滅に近い損害を被ったもので、盟約者団にとっては「ピュロスの勝利」（割に合わない勝利）というべきものであった。

そもそもが自分たちの生活圏の地勢を活かした農村邦の戦闘は、盟約者団の勢力拡大とともにいずれ限界を迎えることは明白であった。他方、都市邦は農村邦と同じく古代からの歩兵戦闘の伝統を維持しつつ、他地域との接触・交流を通じて高度に洗練された歩兵戦闘を身につけつつあった。だが、両者の戦闘技術はなかなか統合されることはなかった。これは、盟約者団の内部における政治統合についても同様のことが言えたのである。

都市と農村の相克（そうこく）──軍事大国化と内部抗争

　盟約者団の拡張はその後も続いたが、1440年にはツューリヒがハプスブルク家に接近し古ツューリヒ戦争を引き起こした（～46）。この戦争は、盟約者団で初となる本格的な内戦であった。1470年代には、ブルゴーニュ公国（ヴァロワ家の親王領に起源を持つ諸侯領）の支配に反発したバーゼル、ストラスブール、ミュールーズといった諸都市がベルンに救援を求めたことで、ブルゴーニュ戦争が勃発した（1474～77）。ブルゴーニュ公国は、当時の西ヨーロッパで最良の軍を擁するとの下馬評が高かったが、盟約者団はこの戦争を優位のうちに進め、ついにはブルゴーニュ公シャルル突進公（位1467～77）を敗死に追い込み、勝利した。これにより盟約者団の軍事的な名声は不動のものとなった。さらに、シュヴァーベン戦争でローマ王と結んだシュヴァーベン同盟に勝利したことで、神聖ローマ帝国より事実上の自立も達成した。

　だが、盟約者団の自立が進んだこの時期になると、同盟内部での抗争が顕著となった。この抗争の当事者となったのが、都市と農村である。大まかに言えば、盟約者団において都市邦は西方に、農村邦は東方に位置した。西方の都市邦はブルゴーニュやシュヴァーベンとの抗争で勢力を拡大した一方で、東方の農村邦は対外進出の余地があまりなく、1422年にはアルベドの戦いで北イタリアのミラノを相手に手痛い損害を被っている。都

序章
中世の幕開け

第1章
中世　軍事技術に見る

第2章
フランス

第3章
ドイツ

第4章
スイス

第5章
スペイン

第6章
中世ロシア国家

第7章
ポーランド

第8章
ユーゴスラヴィアの形成

市邦の農村邦に対する経済的優位は明らかとなっており、15世紀以降は盟約者団の主導権は事実上、都市邦の手に渡った。加えて都市邦と農村邦の格差が広がる一方、都市邦は自らの支配域の農民との対立も抱えていた。

　この「都市のスイス」と「農村のスイス」の対立は1481年に頂点に達した。この年に新たにフリブールとゾーロトゥルンという２都市が盟約者団への加盟を申請したが、２都市の加盟は都市邦のさらなる政治的優位を招きかねないことから、農村邦がこれに反発した。農村邦はベルンやルツェルンといった都市邦の農民たちを煽動し反乱を生じさせたのである。これにより都市邦の農村部は独立して農村邦への編入を目指し、一方で都市邦同士も同盟を結ぶなど、盟約者団は大規模内戦の危機を迎えた。しかし、この危機はニコラウス・フォン・フリュエという修道士の仲介で奇跡的に収束に向かい、盟約者団はシュタンス協定と呼ばれる合意に至った。

　シュタンス協定が結ばれるまでに、盟約者団は西ヨーロッパでも屈指の軍事勢力に成長していた。彼らが古代より継承した社会制度に裏付けられた歩兵戦闘は、ハプスブルク家やイタリア都市、ブルゴーニュ公といった強敵との抗争で洗練され、加盟邦の積極的な拡張政策と相まって、軍事強国としての地位を確立した。1501年のバーゼルの加盟により、盟約者団は13邦にまで加盟邦を拡大させた。シュタンス協定を採択して間もなく、フランスの侵攻によりイタリア戦争が始まった（1494〜1559）。盟約者団も時に応じて諸勢力と同盟を組みこれに参戦するが、1515年のマリニャーノの戦いでフランスに大敗したことで、その拡張政策は終わりを告げた。基幹産業に乏しい盟約者団は、拡張政策の停滞にともない、名声を得た軍事力を「商品」として輸出するようになる。すなわち傭兵業である。

　すでにブルゴーニュ戦争の時代よりスイスの傭兵業は始まっていたが、スイス傭兵が西ヨーロッパ各国で重宝されたのは、14世紀より盟約者団が築き上げた軍事的名声にほかならない。また、スイス傭兵が各国で雇用さ

れると、スイス兵の戦闘技術をもとにヨーロッパ各国でも軍事改革が進み、近世・近代の歩兵戦争の方向性が定まることとなる。盟約者団の発展とスイス傭兵は、中世の戦闘から近代戦争に至る架け橋の役割を果たしたと言える。

　また、マリニャーノの敗戦以降、スイスは積極的な中立を維持することになるが、この中立政策は今日の国民皆兵制に近い武装中立によるものであった。スイスはその軍事的な実力を傭兵業とともに維持し、現在でもスイスは徴兵制や予備役を維持する数少ない国家のひとつとなっている。

✒ 「ドイツ」としてのスイス

　さて、ここでやや話の本筋から逸（そ）れるが、「ドイツ」という呼称には興味深い特徴がある。ドイツ語では Deutschland（民族の呼称は Deutsch）と称するが、英語では Germany、フランス語では Allemagne とヨーロッパ各国（各言語圏）で呼称がほぼ一致しない。ドイツ語の Deutsch は古高ドイツ語の diot ないし diota が語源とされ、本来の意味は「人々」である。しかし、ここでいう人々とは、ライン川とドナウ川を挟んで南方のローマ系言語（ラテン系言語）の話者と区別するために用いた言葉とされる。

　一方で、英語の Germany はローマ人がラテン語で呼んだ Germani に由来し、古代ゲール語（ケルト系言語）における「隣人」gair あるいは「喊（かん）声（せい）（鬨（とき）の声）」gairm と関連があるものと考えられている。仮にラテン語の Germani が前者の意味で捉えられていたとすると、ゲルマン人とローマ人は、互いに自他を認識するための指標としてこれらの言葉を用いていたことになる。

　フランス語における Allemagne は、ゲルマンないしケルト系部族のアラマン（アレマン）人 Alamanni に由来するものである。このアレマン人が中世ドイツの歴史に与えた影響は計り知れない。アレマン人の一部はス

イスアルプスに居住し、13世紀末期に盟約者団を結成してスイス国家の礎を築いたのは、これまでに述べたとおりである。また、そのスイスを元来の本拠としたハプスブルク家も同様である。

　中世ドイツ国家におけるアレマン人のもうひとつの根拠地が、シュヴァーベン地方であった。このシュヴァーベン地方のアラマン系有力貴族の家系から、ホーエンシュタウフェン家やホーエンツォレルン家を輩出した。ホーエンシュタウフェン家は神聖ローマ帝国における帝権の最盛期をもたらし、ホーエンツォレルン家は14世紀よりブランデンブルク辺境伯を世襲し、16世紀にプロイセン公国と同君連合を組んだことで、のちにプロイセン王国を形成する。

　フランス語やスペイン語といったラテン系言語における「ドイツ」の呼称は、このアレマン人に由来するものであり、中世のホーエンシュタウフェン朝や盟約者団とのかかわりが深かったことが反映されている。中世における「ドイツ」とは、ドイツ国家（神聖ローマ帝国およびドイツ王国）と盟約者団（スイス）を指すものであり、15世紀の西ヨーロッパにおいて、スイスは「ドイツ」と形容されながらも、西ヨーロッパ諸国にとって無視できない勢力であったことは間違いない。

　しかし、ドイツが現在のような連邦国家への道を歩んだように、盟約者団の加盟邦の自主性が強かったスイスもまた、連邦国家として今日に至るのである。「盟約者団」Eidgenossenschaft という名称は、今日においてもなお、スイス国家の正式名称のなかに継承されている。

辺境から始まる近代

　スイスは中世ヨーロッパにおいては辺境でありながら、古代より続く伝統を維持し続け、ひいてはこの社会・軍事的な伝統が、ヨーロッパに転換をもたらした。盟約者団が維持・醸成した戦闘技術は、近代戦争へとつな

序章　中世の幕開け

第1章　中世軍事技術に見る

第2章　フランス

第3章　ドイツ

第4章　スイス

第5章　スペイン

第6章　中世ロシア国家

第7章　ポーランド

第8章　ユーゴスラヴィアの形成

がるヨーロッパ戦争の基盤となったが、それ以外にもスイスがもたらした影響は決して少なくはない。

16世紀にドイツで宗教改革が始まると、ジャン・カルヴァン（1509〜64）がバーゼル、続いてジュネーヴ邦を根拠に改革を推進した。カルヴァン派の教義は長老制をはじめ、スイスの直接民主政の影響を強く受けており、さらにはカルヴァンの思想は西ヨーロッパにおいて産業資本主義の定着を促した。さらに、18世紀には啓蒙思想家のジャン・ジャック・ルソー（1712〜78）が人民主権を主張するが、これも彼の故郷であるジュネーヴの直接民主政に影響を受けたものであった。ルソーは共同体の成員である人民が総体として持つ意思を「一般意思」とし、人民は公共益を達成するためにこの一般意思を有しているとした。この一般意思を核としたルソーの人民主権論は、フランス革命においては「人権宣言」（1789）や山岳派（狭義のジャコバン派）により受容され、ナポレオン・ボナパルト（1769〜1821）のナポレオン法典をはじめとする政治思想にも大いに反映された。

さらに、ルソーの人民主権論は紆余曲折を経て、「国家に依らない人民による産業の共有」を目的とする社会主義や共産主義にも影響を与えた。

時代の転換は決して大規模な事件によるものとは限らない。多くの場合は水面下でごくゆっくりと変化が生じ、徐々にその性質が変容していくのである。したがって、何をもって時代の変化とするかを定義することは難しいが、一方でごく小さな現象が、様々な要素と重なり合って新たな局面を迎えることも往々にして見られる。中世ヨーロッパで辺境でしかなかったスイスは、大局的に俯瞰すると「近代揺籃の地」となった。このスイスという比較的限られた地の歴史を振り返ることで、何が歴史に変化をもたらすのか、という問いの琴線に触れることになるのかもしれない。

第5章

スペイン

─ヨーロッパの縮図─

　ユーラシア大陸の西端、スペインとポルトガルの位置するイベリア半島は、ヨーロッパにおいてやや異質な文化圏に属する。イベリア半島は、北部のピレネー山脈によりフランスなどのヨーロッパ諸国と地理的に分断され、独自の文化を育むこととなった。この点で言えば、スイスなどと同様の特徴が見て取れるが、一方でイベリア半島はアフリカへのアクセスが容易であることにも注目せねばならない。イベリア半島と北アフリカに挟ま

図14　イベリア半島の地勢

れたジブラルタル海峡は、最狭部はわずか14kmである。このため、イベリア半島の歴史を見るにあたっては、とくに中世はアフリカとの関係を無視することはできない。

　また、今日のスペイン国家は分権的な性格で知られるが、その要因も中世にあったとみなすことができる。だが、スペインの場合は、同じく分権化が進んだドイツとは一風異なる経緯をたどることとなった。中世のイベリア国家における王権は、同時期のヨーロッパ諸国のそれより比較的強力なものであり、実際にイベリア諸王は地方領主をよく取りまとめていた。とはいえ、こうした国家統合の進行はあくまで表面的なものでしかなく、イベリア国家の分権的な性格は中世を通じて常に維持された。しかし、ドイツとスペインは中世を通じて共通する「あるもの」を追求することとなった。それが、「普遍的な権威」である。

西ゴート王国の建国

　イベリア半島もまた、古代においてはローマの支配下にあった。属州としてのイベリア半島は「ヒスパニア」と称され、このイベリア半島すなわちヒスパニアには、第1次民族大移動期に3つのゲルマン人が襲来した。第一はヴァンダル人であり、彼らは5世紀初頭にスエビ人やアラン人（イラン系遊牧民）とともに西ローマ領のガリア各地で略奪を働き、イベリア半島に入った。しかし、直後に西ゴート人がイベリアに侵入し、これと争いながらヴァンダル人は北アフリカへと渡海した。スペイン南部の地名である「アンダルシア」は、このヴァンダル人に由来する。

　第二はスエビ人であり、ヴァンダル人とともにイベリアに侵入した彼らは、イベリア北西部を支配しヴァンダル人の一派ハスディンギとともにスエビ王国（ガリシア王国）を建国した。この王国は456年に西ゴート王国に屈服して西ゴートの従属国家となり、585年に完全に滅ぼされた。

第三が西ゴート人であり、彼らはイベリア半島で最も長期にわたる国家建設に成功したゲルマン人となった。375年に民族大移動の口火を切った西ゴート人は、410年にはアラリック1世のもとでローマ劫略を果たし、そのままガリア南部に侵入した。西ゴート人はガリア侵入と前後してイベリア半島にも進出し、ヴァンダル人らとも争った。ヴァンダル・スエビに勝利した西ゴートは、418年に西ローマ皇帝ホノリウスにより属州アクィタニアに居住地を与えられ、これをもって西ゴート王国が建国されたとみなす。中心拠点はトロサ（現トゥールーズ）に置かれた。

　476年に西ローマ帝国が滅亡したことで、西ゴート王国はイベリア半島南部にまで勢力をのばし、ヴァンダル人を北アフリカへと追いやった。しかし、507年にクローヴィス率いるフランク王国にヴイエの戦いで敗れ、西ゴート王国はガリアを放棄してイベリア半島に後退した。560年にはトレドを都とし、585年にはスエビ王国を滅ぼしてイベリア半島の全域を支配した。

　西ゴート王国で注目すべきは、587年にレカレド1世（位586〜601）のもとでカトリックに改宗したことである。西ゴート王国もまた、支配層である西ゴート人はアリウス派を信仰していたが、カトリックに改宗したことで国内における宗派間対立が緩和されることになった。これに先駆けてカトリックに改宗したフランク王国が分裂にあえぐ傍ら、レカレド1世の長期政権により西ゴート王国の首都トレドでは8世紀までに18回の宗教会議が開催され、西方教会の政治的首都とみなされるまでになった。

　西ゴート王国は6世紀より二重支配の構造に悩まされた。西ゴート王国における支配層ゴート人の割合は3％ほどであったと推測されており、統治の中核となったのは属州以来のローマ系の住民（ヒスパノ・ローマ人）であった。ゴート人はローマ系官僚に統治機構を依存しつつ、一方で軍事的実権を楯に彼らへの支配権を手にした。しかし、ゴート人たちは独自の民族性を強く保持したが、カトリック改宗を機にアリウス派は速やかに消

序章　中世の幕開け

第1章　中世　軍事技術に見る

第2章　フランス

第3章　ドイツ

第4章　スイス

第5章　スペイン

第6章　中世ロシア国家

第7章　ポーランド

第8章　ユーゴスラヴィアの形成

滅に向かい、ゴート語も日常語であったラテン語に押される形で6世紀半ばには消滅した。

カトリック改宗で国制の確立には成功したものの、王位継承をめぐる抗争は後を絶たなかった。こうした王位継承をめぐる内紛が、西ゴート王国滅亡の原因となるのである。

イスラーム勢力の支配

710年に西ゴート王にロデリック（ロドリーゴ、位〜712）が即位したが、その王位は不安定なものであり、これを好機と捉えたのが、当時マグリブ（今日のチュニジア・アルジェリア・モロッコの一帯）を征服したばかりのウマイヤ朝（661〜750）であった。ウマイヤ朝の軍人ターリク・イブン・ズィヤード（？〜720）はイベリア半島に上陸し、この上陸地が彼の名にちなんでジャバル・ターリク（「ターリクの岩山」の意）と呼ばれた。今日の「ジブラルタル」の語源である。

ターリクは711年にグアダレーテ河畔の戦いで西ゴート王ロデリックを敗死させ、さらにマグリブ総督ムーサー・イブン・ヌサイルと合流しコルドバやトレドを征服した。これにより、西ゴート王国は滅亡し、イベリア半島はイスラーム勢力の支配下に置かれる。ターリクは714年にウマイヤ朝の首都ダマスクスへの召還が命じられたが、征服活動はアブドゥッラフマーン・アルガーフィキーに引き継がれ、彼はピレネー山脈を越えてフランク王国に侵攻し、南フランス一帯を荒らしまわった。

これに対し、フランク王国は宮宰カール・マルテル率いる軍団を派遣し、732年にトゥール・ポワティエ間の戦いが生じた。この戦いでアブドゥッラフマーンは敗死し、イスラーム勢力のヨーロッパへの侵攻は鳴りを潜めることとなった。

イスラーム支配下のイベリア半島は、アラビア語で「アル・アンダル

序章 中世の幕開け

第1章 中世軍事技術に見る

第2章 フランス

第3章 ドイツ

第4章 スイス

第5章 スペイン

第6章 中世ロシア国家

第7章 ポーランド

第8章 ユーゴスラヴィアの形成

ス」（ヴァンダル人に由来する）と称され、ムスリム（イスラーム教徒）の入植が進んだ。750年に本国ウマイヤ朝がアッバース朝によって打倒されると、ウマイヤ家の生き残りであるアブドゥッラフマーン1世はアッバース家の追及の手を逃れ、756年にイベリア半島でウマイヤ朝を再興し、アミールとして即位した。このイベリア半島でのウマイヤ朝は、一般に後ウマイヤ朝（〜1031）と呼ばれる。とはいえ、アル・アンダルスで人口の多くを占めたのは「モサラベ」と呼ばれた西ゴート系キリスト教徒であった（さらにその大半がヒスパノ・ローマ人に起源を持つ）。

アブドゥッラフマーン1世はカール大帝に抗戦するなど王朝の基礎を固め、首都コルドバで大規模な建設事業に着手するなどした。後ウマイヤ朝の最盛期を現出させたのがアブドゥッラフマーン3世（位912〜61）であり、彼はファーティマ朝の勃興などを鑑み、929年よりカリフを称した。北部のキリスト教諸国に対しては、しばしば敗北を喫するものの最終的にはその軍事的優位を確保し、イベリア全土にその支配力を及ぼした。後ウマイヤ朝の首都であるコルドバは非常な繁栄を遂げ、その人口は10世紀には50万人を下らなかったとされる（前述のようにパリは14世紀初頭にようやく20万人を数えた）。

しかし、976年にわずか11歳のヒシャーム2世がカリフに即位すると、摂政となったアルマンスール（アルマンソル、938〜1002）が政治的実権を掌握し、カリフは宗教的権限を有するだけの存在となった。これによりヒシャーム2世とアルマンスールはいずれも軍事力により相手を出し抜こうと拡充を図り、とくにアルマンスールは正規軍の職業軍人化などの改革を遂行した。いわば傭兵による常備軍の拡充である。

アルマンスールの没後、彼の息子のサンチュエロが宮廷クーデタで排除されたが、続いてヒシャーム2世が没すると、君主権の失墜したカリフをよそに各地でアラブ人やベルベル人の豪族が短命のカリフを次々と擁立した。ついには1031年に、ヒシャーム3世のカリフ廃位によって後ウマイヤ

朝は滅亡した。

　これ以降、地方土着の豪族たちが自立し、彼らはタイファと呼ばれた。アル・アンダルスは26から30ものタイファが割拠する分断の時代となる。

キリスト教国の動向──「レコンキスタ」の開始

　さて、ここでキリスト教徒の動向に目を向けると、711年に西ゴート王国は滅亡したが、イスラーム勢力の支配を受け容れなかった勢力もあった。その一例である西ゴート貴族のペラーヨは、イベリア半島北西部のカンタブリア地方に逃れた。イベリア北部は急峻な山岳地帯であり、この地にはバスク人が居住した。バスク人は独立の気風が強く、西ゴート時代もその支配を受けながらしばしば反抗を繰り返した。西ゴート最後の王ロデリックも、バスク人の反乱鎮圧に赴いた際に、ターリク率いるウマイヤ朝軍の攻撃を受けた。ペラーヨはバスク人社会に同化し、この地の首長と姻戚関係を結んで王に推戴された（位718〜37）。このペラーヨを初代国王とするキリスト教国は、アストゥリアス王国と呼ばれる。

　ペラーヨ率いるアストゥリアス王国は、722年にコバドンガの戦いでウマイヤ朝に勝利し、イスラーム勢力の北進を阻んだ。このコバドンガの勝利は、後世にレコンキスタの起点とみなされた。「レコンキスタ」Reconquista は日本では「国土回復運動」と通称されることが多いが、征服 conquista というスペイン語からわかるように、原義は「再征服」である。伝統的な定義では「イスラーム勢力の支配下にあったイベリア半島を、キリスト教徒の手に取り戻す」というものであるが、そもそもこの一連の運動は最初から強い宗教性を帯びたものではなかった。開始当初のレコンキスタは、山岳地帯を基盤とするアストゥリアス王国が農耕地帯へと進出しようとする勢力拡大に過ぎず、その遠征も略奪の域を大きく出るものではなかった。

序章 中世の幕開け

第1章 軍事技術に見る中世

第2章 フランス

第3章 ドイツ

第4章 スイス

第5章 スペイン

第6章 中世ロシア国家

第7章 ポーランド

第8章 ユーゴスラヴィアの形成

図15　中世イベリア半島の変遷

[1]8～9世紀

フランク王国
アストゥリアス王国
スペイン辺境領
後ウマイヤ朝
リスボン
コルドバ
バレンシア
セビリャ　グラナダ

[2]11世紀

ナバラ王国
レオン王国
レオン
バルセロナ伯領
カスティリャ王国
ポルトガル伯領
アラゴン王国
トレド
ム ラ ー ビ ト 朝

[3]12～13世紀前期

ナバラ王国
カスティリャ王国
アラゴン王国
サラゴサ
ポルトガル王国
トレド
リスボン
ラス・ナバス・デ・トロサ
ム ワ ッ ヒ ド 朝

[4]15世紀

ナバラ王国
カスティリャ王国
アラゴン王国
サラゴサ
ポルトガル王国
マドリード
トレド
リスボン
グラナダ
ナスル朝
セウタ
1479年成立のスペイン王国

　アストゥリアス王国の転換点となったのが、アルフォンソ2世の治世（位791～842）における9世紀であった。この時代に、ドゥエロ川流域の一部がアストゥリアス王国に組み込まれた。この地は西ゴートの影響が強く、多くのモサラベ（西ゴート系キリスト教徒）が居住していた。モサラベの人口増加は、キリスト教（カトリック）の普及、封建社会の定着、そして何よりも牧畜から農耕への社会・経済変革をもたらした。

　また、アルフォンソ2世はガリシア地方を併合した際に、キリストの十二使徒の1人である聖ヤコブの墓を「発見」し、その地にサンティアゴ・

デ・コンポステラという都市が建設された。聖ヤコブ（スペイン語ではサンティアゴ Santiago）はレコンキスタならびにスペインの守護聖人として崇敬を集めた。

サンティアゴ・デ・コンポステラの建設は、宗教的情熱に加えさらなる効果を半島にもたらした。この地はローマ、エルサレムと並ぶカトリック教徒の巡礼地として発展し、聖遺物崇拝の高まりにともない巡礼者の人気を集めた。こうした巡礼者の来訪によりイベリア北部でのキリスト教徒の経済活動が刺激され、11世紀末に十字軍が始まると、十字軍の名のもとに西ヨーロッパ諸国より諸侯がイスラーム教徒との戦いに参加するようになった。聖ヤコブは様々な点において、レコンキスタの象徴的存在となったのである。

アストゥリアス王国はガルシア1世（位910～14）の治世に、首都を北部のオビエドから南のレオンに遷都した。レオン遷都は、ドゥエロ川流域への進出・植民の拠点としての役割を見据えたものであった。これ以降のアストゥリアス王国をレオン王国と称する（～1037）。アストゥリアスやレオンでは、フランク王国やイスラーム支配下のトレドをモデルとした宮廷・教会組織が再編され、西ゴート王国との連続性が強調されるようになった。とはいえ、後ウマイヤ朝をはじめとするイスラーム勢力に対する軍事的な劣勢は顕著であり、ドゥエロ川の一帯は11世紀までムスリム・カトリック両勢力の激戦地であった。

レコンキスタという恒常的な抗争状態は、イベリア半島のカトリック国家形成に多大な影響を与えた。とりわけ11世紀まではイスラーム勢力が圧倒的な軍事的優位を誇ったことで、イベリア半島の封建制は西ヨーロッパの他地域と比しても特異なものとなった。封建制が最も進んだ北フランスでは、物的・人的契約を二本柱とした封建的主従関係が結ばれた。イベリア半島ではこの物的契約（封土）と人的契約（君臣関係）の有機的結合が基本的に見られず、それはイベリアで封建制が最も整備されたレオン王国

序章
中世の幕開け

第1章
中世軍事技術に見る

第2章
フランス

第3章
ドイツ

第4章
スイス

第5章
スペイン

第6章
中世ロシア国家

第7章
ポーランド

第8章
ユーゴスラヴィアの形成

ですら同様の有様であった。領主らは自由に君臣関係を中断し、なかには
ムスリム領主と君臣関係を結ぶ者も少なくなかった。封建的主従関係が希
薄であった領主らは次第に土着化し、封建制の政治機能も弱体化して官職
の封建・世襲化まで見られた。ここに、イベリア国家の分権体制が頭をも
たげることになる。

　こうして自立を進めた領主の1人に、カスティリャ伯フェルナン・ゴン
サレス（910頃～70）がいた。カスティリャ Castilla とは元来「城」を意味
する言葉で、国境地帯の城塞群を統合・管理した領主がカスティリャ伯で
あった。カスティリャ伯はレオン王国、ナバラ王国の支配を受け、1035年
にカスティリャ王国として分離独立をすることになる。

カタルーニャの黎明

　西ゴート王国がウマイヤ朝により滅亡したのち、ピレネー山麓のバス
ク・イベリア系住民と西ゴート系住民は、フランク王国と連携すること
で、イスラーム勢力に対抗した。フランク王国のカール大帝は彼らの協力
を得て後ウマイヤ朝に出征し、この結果として795年にスペイン辺境領が
設置された。当初はパンプロナをはじめ4つの伯領からなったが、801年
にはバルセロナを攻略し、これも加えて5伯領で構成された。フランク王
国の封臣という後ろ盾を得たピレネーの住民は、エブロ川へと至る平野
部・海岸部への移住を進め、この過程で多くの自由農民が誕生した。自由
農民とは領主に服従しない自営農民であり、中世ヨーロッパの土地の大半
が荘園（領主の私有地）であったことを考えれば、この地域は異例であっ
たことが窺える。

　しかし、イスラーム勢力の軍事的脅威は健在であり、これに対抗するた
めに自由農民らはスペイン辺境領の諸伯を頼った。スペイン辺境領の諸伯
は1020年代までは比較的強力な伯権を有し、政治・行政組織の再編ととも

に住民の安全のため城塞網の整備も進んだ。この一帯は12世紀よりカタルーニャ（ラテン語でカタロニア）と呼ばれるようになり、その語源は一説によると「カスティリャ」と同様に「城」を意味する言葉にあるという。

　一方でピレネー西部のバスク人は、イスラーム勢力のみならずフランク王国とも敵対し、8世紀より部族連合を強化しつつあった。カール大帝は778年の後ウマイヤ朝遠征の帰途、バスク人の襲撃を受け殿軍が全滅するなか這う這うの体で撤収した。この襲撃はロンスヴォー（ロンセスバーリェス）の戦いと呼ばれ、後世の武勲詩「ローランの歌」の題材となったことで名高い。このロンスヴォーの戦後にバスク貴族のイニゴ・アリスタが国王に登位し、ナバラ王国が成立した。その領域は、現在のナバラ州にほぼ相当する。

　バスク語で「山に囲まれた平原」を意味するというナバラ王国はすぐに耕作地が不足し、これを解消するために10世紀よりレオン王国に接近した。レオン王国と共同してナバラ王国は南西のラ・リオハ地方に進出し、これによりナバラ王国に耕作地となる平原がもたらされた。ナバラ王国はサンチョ3世（位1000〜35）が巧みな婚姻政策によってカスティリャ伯領、レオン王国を実質的に支配し、さらにバルセロナ伯を従属させ南フランスのガスコーニュ伯も封臣とするなど、イベリア半島のキリスト教国を統合し一大勢力を築いた。これによりサンチョ3世は「サンチョ大王」と称され、ナバラ王国はイベリア半島に覇権を打ち立てた。

　一方で、サンチョ大王の広域支配と教会改革運動（第3章「帝国教会政策──中央集権化と教会の堕落」の節参照）への同調により、サンティアゴ・デ・コンポステラへの巡礼路が整備され、西ヨーロッパ諸国との経済的・文化的交流が活性化することになった。1035年にサンチョ大王が没すると、その遺領は諸子により分割され、ガルシア4世がナバラ王国を、フェルナンド1世がカスティリャ王即位後、間もなくレオン王を破って同国を合併、庶子ラミロ1世が新設されたアラゴン王国を継承した。

序章
中世の幕開け

第1章
中世軍事技術に見る

第2章
フランス

第3章
ドイツ

第4章
スイス

第5章
スペイン

第6章
中世ロシア国家

第7章
ポーランド

第8章
ユーゴスラヴィアの形成

11〜12世紀のレコンキスタ

11世紀のレコンキスタで特筆すべきはカスティリャ王国であろう。カスティリャはサンチョ大王の没後、フェルナンド1世（位1035〜65）がカスティリャとレオンの国王に即位し「全ヒスパニア皇帝」を称した。フェルナンド1世の没後は長男のサンチョ2世がカスティリャを、次男アルフォンソ6世がレオンを、そして三男ガルシアがガリシアをそれぞれ相続したが、最終的にこれらを再び統合したのがアルフォンソ6世（レオン・カスティリャ王、位1072〜1109）であった。アルフォンソ6世も父に倣い「全ヒスパニア皇帝」を名乗り、1085年にかつての西ゴート王国の首都であるトレドを攻略し、レコンキスタに弾みをつけた。しかし、このカスティリャ王国の急速な勢力拡大は、南部のタイファ諸国（イスラーム地方政権）の警戒を強めた。

タイファ諸国は10世紀とは一転して、キリスト教諸国に対し軍事的劣勢に追い込まれ、カスティリャやレオンといった諸国にパリアという軍事貢納金の支払いを課された。タイファ諸王はトレド陥落を受け、対岸のモロッコに救援を求めた。当時のモロッコでは、イスラーム改革運動に端を発するベルベル人のムラービト朝が勃興しており、その4代君主ユースフ・イブン・ターシュフィーン（位1061〜1106）はタイファ諸王の要請を受け、イベリア半島に出兵した。ユースフは1086年にサグラハスの戦いでアルフォンソ6世に大勝し、さらに1102年までにタイファ諸王を廃してイベリア南部を征服した。

ムラービト朝の登場により、イベリア半島は再びムスリムの軍事的優位が確立され、レコンキスタが停滞した。この時期にキリスト教圏で唯一互角に渡り合ったのが、カスティリャを追放された武人ロドリーゴ・ディアス・デ・ビバル、通称エル・シッド（1043頃〜99）である。彼はバレンシアを拠点としてムラービト朝の攻撃によく耐えたが、その統治は短期間に

125

過ぎないものであった。

　ムラービト朝に敗北すると、アルフォンソ6世は2人の娘をフランス貴族に嫁がせるなどして、軍事力の再建を図った。このときの貴族の1人が、アンリ・ドゥ・ブルゴーニュであった。アンリはガリシア・ポルトゥカーレ伯に任じられたが、この地はカスティリャ伯領の形成と同時期から分離に向けた動きが活発になり始めていた。アンリ（ポルトガル語でエンリケ）はポルトゥカーレと南部のコインブラの政治的統合に成功し、エンリケの後継者であるアフォンソは、内戦に勝ち抜き主君であるカスティリャに対して自らの王号の承認を迫った。ここに、1143年のサモラ条約でアフォンソ1世（位1139〜85）を初代国王にポルトガル王国が成立する。

　しかし、概して11〜12世紀はムラービト朝ならびにムワッヒド朝などイスラーム勢力が強勢であり、カスティリャ王国からはポルトガル王国が独立するなど、キリスト教国はその南下が停滞した時期でもある。

アラゴン連合王国──同君連合体としてのイベリア国家

　カタルーニャは10世紀末期より、バルセロナ伯による政治統合が進んだ。バルセロナ伯ラモン・ベレンゲール4世（位1131〜62）はアラゴン王女ペトロニーラと婚姻し、カタルーニャ君主とアラゴン国王を兼ねることになった。ここに、カタルーニャとアラゴンの同君連合である、「アラゴン連合王国」が成立した。

　さて、ここで「同君連合」について少々詳しく見ていこう。同君連合とは国家連合体の一形態で、複数の国家に単独（ないし夫妻）の君主が君臨するというものである。同君連合下の諸国では、概ね従来の法制度や政府・議会などが維持され、支配者が同一であるだけで国家として統合されるものではない。アラゴン連合王国の場合は、アラゴン王女ペトロニーラとバルセロナ伯ラモン・ベレンゲール4世の地位は平等であり、このため

カタルーニャ諸伯やアラゴンの慣習・法制度などは各国でそのまま維持されることになった。アラゴン連合王国の成立は、カタルーニャの南下を保障し、アラゴンへのレオン・カスティリャ王国の干渉を排除するものでもあった。

アラゴン連合王国は、ハイメ1世（カタルーニャ語でジャウマ1世、位1213〜76）の治世中の1214年にレリダでコルテスが開催された。コルテスとは聖職者、俗人諸侯と都市の代表からなるイベリア国家の身分制議会であり、主に課税が審議された。コルテスにより王権は制限を受けたが、一方で徴税が円滑になりハイメ1世の軍事活動を後押しすることになった。

ハイメ1世は親政を開始すると、1229年にはバレアレス諸島を、1238年にはバレンシアを征服した。両地域の征服によってアラゴン連合王国は地中海進出への道が開かれ、次代のペドロ3世（位1276〜85）は1282年にシチリア島における全島反乱（シチリアの晩鐘）に介入してシチリア王国を支配下に入れた。1442年にはアルフォンソ5世がナポリ王国を征服し、これ以降の南イタリアは19世紀までイベリア国家の支配下に置かれた。

しかし、こうして地中海に勢力をのばしたアラゴン連合王国だが、その統治体制は同君連合のままであった。ラモン・ベレンゲール4世は法的統合を強化したものの、マヨルカ王国（バレアレス諸島）、サルデーニャ、バレンシア、シチリア王国、ナポリ王国などの各構成国では従来の国制が維持され、最終的にそれらの国家統合はあまり進まなかった。加えてハイメ1世がバルセロナの自治強化に努めたことも、今日もなおカタルーニャが自立性を強める要因のひとつと言える。

アラゴン連合王国の君主は各国の情勢を鑑みてその調整役に徹したが、レコンキスタや地中海進出といった外征活動が活発なうちは、国外に構成国の関心を向けることが可能であった。だが、外征活動が停滞すると、構成国同士の反目が表面化し、その支配体制に綻びが生じることになる。

序章　中世の幕開け

第1章　中世　軍事技術に見る

第2章　フランス

第3章　ドイツ

第4章　スイス

第5章　スペイン

第6章　中世ロシア国家

第7章　ポーランド

第8章　ユーゴスラヴィアの形成

レコンキスタの躍進と停滞──ラス・ナバス・デ・トロサの戦いと危機の時代

　1130年にはモロッコでムワッヒド朝が勃興し、ムラービト朝を滅ぼしてこれに取って代わった。ムワッヒド朝は、アブー・ヤアクーブ・ユースフ1世の治世（1163～84）に全盛し、アル・アンダルスのセビリャを事実上の宮廷に定め、カスティリャ王アルフォンソ8世（位1158～1214）に対しアラルコスの戦い（1195）で勝利するなど、イスラーム勢力の優位は維持された。

　しかし、アブー・ヤアクーブ・ユースフ1世の没後、カスティリャ王アルフォンソ8世を中心にしたアラゴン、ナバラの連合軍にラス・ナバス・デ・トロサの戦いで敗北し（1212）、この戦闘が転換点となり、キリスト教諸国の軍事的優位が確立した。

　ムワッヒド朝はラス・ナバス・デ・トロサの敗戦以降、求心力を失い、ハフス朝やマリーン朝の独立にも対処せねばならず、イベリア半島でも再びタイファ諸国が独立を果たした。しかし、これらのタイファ諸国はキリスト教諸国にとって恰好の標的となり、1238年にバレンシア王国がアラゴン連合王国に、コルドバ王国とセビリャ王国がそれぞれ1236年と48年にカスティリャ王国に征服された。アル・アンダルスに残されたのはグラナダ王国（ナスル朝）であり、ムルシア王国を併合してイベリア南部を拠点に、カスティリャに臣従することで征服を免れた。

　14世紀に入るとイベリア半島は危機的な状況に陥る。中央アジア由来の伝染病である黒死病（ペスト）が、イベリア半島でも猛威を振るったのである。ヨーロッパの人口の3分の1が失われたというこの伝染病により、カスティリャでも15～20％の人口が損なわれたとされ、人口激減は農村の荒廃と小土地農民の都市への人口流入を加速させた。

　アラゴン連合王国も、この危機の例外ではなかった。カタルーニャでは人口の35～40％が失われ、中心都市たるバルセロナも20％近い人口が失わ

れた。人口激減は産業の生産力の低下を招き、さらに金融危機が連合王国を襲った。15世紀には地中海貿易も縮小を見せ、危機が徐々に沈静化したカスティリャとは対照的に、アラゴンは経済危機と社会不安が収まらず、次第にカスティリャの国力がアラゴンに勝るようになった。その一方で、ナポリ王国を征服したアルフォンソ5世らによる集権化の試みは挫折し、アラゴン連合王国の国制は中世を通じてついに変わることはなかった。

レコンキスタの終焉

　危機の時代の終焉は15世紀後半に訪れた。カスティリャ王女イサベルとアラゴン王子フェルナンドの婚姻が1469年に執り行われ、まずイサベルがカスティリャ女王に即位し、続いてフェルナンド2世がアラゴン連合王国の国王に即位したことで、カスティリャとアラゴンの同君連合が成立した。これをもって一般にスペイン王国が成立したものとみなすことが多い（1479）。だが、この時点で「スペイン」あるいは「イスパニア」という国号が正式に採用されたわけではなく、ここでもやはり同君連合体の常として、カスティリャやアラゴンの構成国の制度はそのまま維持された。両者はレコンキスタの完遂を目指し、1492年にグラナダが陥落しイスラーム教徒のイベリア支配が終焉を迎えた。

　両王の支配下での構成国は、互いに異なる国制を維持しており、さながら国家のパッチワークの様相を呈していたことに変わりはない。そこで見出されたのが、宗教的一体性であった。とりわけ、カール大帝以来の異文化の紐帯としてのカトリックが、ここでも重要な役割を担うことになる。両王のもとでスペインの聖職者は王権に従属し、また異端の排除に全力を挙げることとなった。フェルナンド2世は教皇庁に圧力をかけ、1480年より全国規模での異端審問を実施した。これが世にいう「スペイン異端審問（スペイン宗教裁判）」である。その対象となったのはおもにコンベルソと

序章
中世の幕開け

第1章
中世 軍事技術に見る

第2章
フランス

第3章
ドイツ

第4章
スイス

第5章
スペイン

第6章
中世ロシア国家

第7章
ポーランド

第8章
の形成 ユーゴスラヴィア

いう改宗ユダヤ人であった。スペイン異端審問はレコンキスタを遂行する上での資金調達という側面もあったが、この異端審問の実施によってイサベルとフェルナンドは教皇より「カトリック両王」と称された。しかし、この一連の異端審問によりユダヤ人とムスリムの大量亡命を促し、さらにカトリック両王は危機の時代に被った経済的な損失を埋めることはかなわなかった。

中世イベリア国家とヨーロッパ

　スペインもまた神聖ローマ帝国のように「普遍的な権威」を追求した国家であった。そもそもイベリア国家は中世を通じてイスラーム勢力以上に互いに争い合ったライヴァルであり、複雑な同君連合体の発足がこうした敵対関係をただちに解消したわけではなかった。かつてレオン国王やカスティリャ国王は「全ヒスパニア皇帝」を称したが、この「皇帝」権は12世紀より実効性を失っていった。

　一方で、カトリックの定着にともない、イベリア諸国は教皇庁との関係を重視し、これによりレコンキスタは宗教性を帯びるようになった。当初の教会権は「全ヒスパニア皇帝」の権威付けに利用されたが、12世紀より十字軍思想が伝播したことで、「異教徒との戦い」という側面が強調され、ヨーロッパ諸国にもレコンキスタは十字軍の一環として認知されるようになった。十字軍となったレコンキスタは、イベリアの教会や教皇庁の後押しのもとで13世紀に躍進の時を迎えた。

　レコンキスタは終結したが、イベリア国家には新たな十字軍の新天地が必要とされた。そうしたなかで、ジェノヴァ生まれの航海士コロンブスの西方航海を、カスティリャ女王イサベルが支援したのである。コロンブスはレコンキスタが完了した1492年のうちに「新大陸」に到達し、1519年にはポルトガル人航海士のマゼラン（マガリャンイス）率いる船隊もスペイ

序章
中世の幕開け

第1章
中世 軍事技術に見る

第2章
フランス

第3章
ドイツ

第4章
スイス

第5章
スペイン

第6章
中世ロシア国家

第7章
ポーランド

第8章
ユーゴスラヴィアの形成

ンの支援を受け世界周航に成功した。コロンブスやマゼランの航海はいずれも十字軍として認識され、コロンブスはカトリック両王に宛てた手紙において、インディアス（新大陸）の富を用いて聖地エルサレムの回復を訴えている。いわゆる大航海時代の原動力も、レコンキスタひいては十字軍思想が深くかかわっていたのである。

カトリック両王の次女フアナは、ハプスブルク家のフィリップを婿に迎え、フアナとフィリップの長男はカルロス１世としてスペイン王に即位する（位1516〜56）。幼少期をネーデルラントで過ごし、17歳で国王に即位して初めてスペインの地を踏んだカルロス１世は、スペイン人として現地に馴染んだ。さらにカルロス１世は1519年に神聖ローマ皇帝にカール５世としても即位し、これによりハプスブルク帝国が現出することになった。同君連合体はイベリア国家を超え、ついにドイツ・オーストリアにもその宗主権が及ぶまでになった。

カルロス１世は生涯に及んで「普遍的な権威」を追求したが、その「普遍的な権威」はカール大帝に由来するものであるだけでなく、歴代のイベリア国家の君主が追い求めたものでもあった。カルロス１世のハプスブルク帝国とヨーロッパ統合の幕開けは、カール大帝の「西ローマ帝国」に由来する「普遍的な権威」だけでなく、同君連合体としてのイベリア国家の求めた理想にあったと言える。

だが、イベリア国家が完全な集権化を拒んできたように、2005年にＥＵ憲法がフランスとオランダに批准を拒否され、2007年のリスボン条約では、ＥＵが目指した超国家的な要素が後退し、緩やかな国家連合が維持された。いずれも「普遍的な権威」や共同体を追い求める理想と、地域主義との対立によって引き起こされた事態と言えよう。イベリア国家の歴史的展開は、ヨーロッパ統合の来るべき姿を予見するものなのかもしれない。中世イベリア国家の消長は、当時のヨーロッパの縮図ともいうべき様相を呈していたのである。

第6章

中世ロシア国家
―水上交通が育んだ東欧の大国―

　ユーラシア北方の大国ロシアは、今日ではヨーロッパとアジアにまたがる広域を領しているが、中世においてはその領域はヨーロッパにほぼ限定された。中世におけるロシア国家は、水上交易に立脚した交易国家であり、東ヨーロッパ平原を貫く経済圏を支配した。中世前半のロシア国家は分権的であり、次第に地方諸侯の自立が顕著となっていったが、中世後期より集権化が進行していくこととなる。この分権から集権への転換で重要な働きを担ったのが、13世紀に侵攻したモンゴルであった。モンゴルは15世紀までロシア諸侯領を支配し、この時代に自立を果たしたロシア国家はモンゴルの多大な影響を受けた。

　ロシア国家はローマ・カトリック圏である西ヨーロッパとは異なる文化圏に属し、一方で西ヨーロッパ諸国とは経済的なつながりを維持した。中世ロシア国家は、初期はゲルマン人の慣習の影響が強かったが、ギリシア正教の受容とモンゴルの侵攻により、今日でもヨーロッパ諸国のなかで特異な国制を持つに至った。

ルーシの登場

　ロシアの起源は第2次民族大移動に遡る。9世紀の東フランクの年代記などによると、ドイツのはるか北方に自らを「ルーシ」と呼ぶ集団がおり、その君主は「カガン」の称号を名乗っていたという記述がある。これ

らの年代記ではルーシはノルマン人の一派と言及されている。注目すべき
は、「カガン」という称号は遊牧国家の君主が号したものであり、後世に
モンゴル語の「カン／カアン」ないし「ハン／ハーン」へと派生した。同
時期のヨーロッパではアヴァール人、ハザール人などが用いており、北方
ユーラシアにおける権力者の称号にルーシがあやかっていたという点は興
味深い。

　一般にこの時期のルーシは「ルーシ・カガン国」と史学では通称され
る。しかし限られた資料などから類推するほかないため、その在り方をめ
ぐって諸説が展開されている。

　この「ルーシ」という集団も、初期中世においてははっきりしない。ノ
ルマン系とされることが目立つが、一方で土着のスラヴ系、あるいはフィ
ン人や彼らとの混血など議論が絶えない。とはいえ、ルーシとその後継国
家は、以降も何らかの形で遊牧民や遊牧国家とのかかわりを深く持つこと
になる。

　12世紀に成立した『原初年代記（過ぎし歳月の物語）』では、ルーシの首
長であったリューリクはスラヴ人の来訪を受け、「我らは土地は広く豊か
だが秩序がない。我らの統治者として来られよ」との要請に応えてラドガ
からホルムガルドに進出した。ホルムガルドはもともとルーシ・カガン国
の中心都市のひとつとされ、リューリクはこの都市を中心に北方の東スラ
ヴ人支配の基盤を築いた。ホルムガルドはのちにノヴゴロドと称される
（以降は、こちらの表記に統一する）。

　リューリクが没すると、子（異説もある）のイーゴリが幼少であったた
め、リューリクの弟（とされる）オレーグが後見人となり、彼がノヴゴロ
ドの事実上の君主となった。オレーグはドニエプル（ドニプロ）川沿いの
街を次々と占領し、ついに下流域のキエフ（キーウ）を882年に攻略し、
この地に遷都した。以降のルーシは「キエフ・ルーシ」または「キエフ公
国」と通称され、オレーグ以前のルーシは「ノヴゴロド国」と便宜上呼ば

序章　中世の幕開け

第1章　中世軍事技術に見る

第2章　フランス

第3章　ドイツ

第4章　スイス

第5章　スペイン

第6章　中世ロシア国家

第7章　ポーランド

第8章　ユーゴスラヴィアの形成

れることもある。複数の呼称があるが、これらはいずれも同一の政体（ないし国家）を指し、中世では「ルーシ」という国名が自称・他称ともに用いられることが多く、正式名称に近いものであった。この「ルーシ」という名称が、現在の「ロシア」という国名の由来となっている。

「ヴァリャーグからギリシアへの道」と正教会の受容

リューリクはノヴゴロドの君主となったとされるが、彼はあくまでも半伝説的な存在でしかない。それでも9世紀後期には、ルーシが国家として徐々にまとまり始めたと考えられる。ではこの時期にルーシ国家が成立した理由とは何か。それは東ヨーロッパを南北につなぐ交易網の形成にある。ルーシの起源は諸説があるが、それでもノルマン人との関係が深いという指摘は注目に値する。ノルマン人はヴァイキングとも呼ばれ、「商人」を意味する。ヴァイキングたちはヨーロッパ各地を荒らしまわりながら、新たな交易ルートの確保に勤しんだのである。

東ヨーロッパの場合も例外ではない。なかでもヴァイキングの関心が高かったのが、東ローマ（ビザンティン）帝国との交易であった。東ローマ帝国は、当時の地中海世界において最高峰の文化と経済力を有しており、ヴァイキングたちにとっては最有力の交易相手のひとつであった。「交易」といっても必ずしも平和的なものであったとは限らず、この一環としてしばしば略奪や戦争にも発展した。

ルーシもまた東ローマ帝国との交易を望んでおり、この過程でしばしば両者は戦争を繰り返し、これらはルーシ・ビザンティン戦争と総称される。ルーシ・ビザンティン戦争は早くも830年には始まっており、907年にはオレーグ率いるキエフ・ルーシが東ローマ帝都コンスタンティノープルを襲撃した。これに対し、この年および911年にルーシ・ビザンティン条約が結ばれ、その内容は東ローマ帝国における商業活動を遂行する上で

序章 中世の幕開け

第1章 中世 軍事技術に見る

第2章 フランス

第3章 ドイツ

第4章 スイス

第5章 スペイン

第6章 中世ロシア国家

第7章 ポーランド

第8章 ユーゴスラヴィアの形成

図16　ヴァリャーグからギリシアへの道

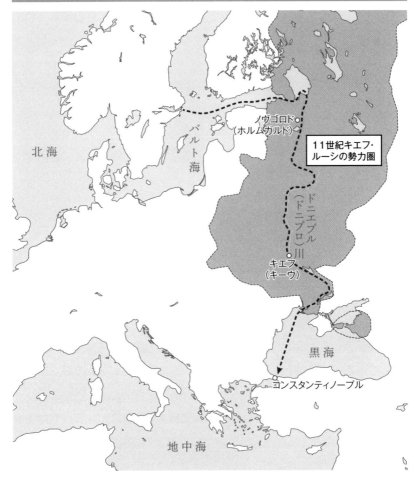

の、ルーシ人の保護や法規則について定めたものであった。この条約が結ばれた911年は、奇しくも西方ではサン・クレール・シュル・エプト協定によって、北フランスにヴァイキングの諸公国であるノルマンディー公国も成立している。

　北欧と東ローマ帝国、すなわちバルト海と黒海を結ぶ交易路として見出

されたのが、東ヨーロッパを南北に流れる大河の存在である。ドニエプル（ドニプロ）川、ドン川がその中心であり、ルーシはこれらの大河を船で下り東ローマ帝国に至った。このためキエフはこの水上交易路の中継点として非常に理想的な位置にあった。このバルト海―黒海を結ぶ交易路は、「ヴァリャーグからギリシアへの道」と通称された。「ヴァリャーグ」とは北欧のゲルマン人（ほぼヴァイキングに相当する）に対し東スラヴ人が用いた呼称であり、ルーシもこのヴァリャーグの構成部族として言及される。ヴァリャーグはヴァイキング船 longship を用いて航行し、航行が困難な箇所は船を乗員で担ぐか牽引するなどして陸路を伝い、目的地を目指した。

　東ヨーロッパの交易網は、地中海のイタリア都市と北海・バルト海のハンザ都市の隆盛によってさらなる活況がもたらされた。14世紀までにこの「ヴァリャーグからギリシアへの道」における交易品は、北部ロシアからは毛皮、蝋、蜂蜜などが輸出され、ハンザ商人からはフランドルなどの毛織物、南ドイツの銀、武器、ガラス、ミョウバン、塩などがもたらされ、これらはノヴゴロドに一旦集積された。黒海・地中海からは東ローマの絹織物、レヴァント（地中海東岸）から香辛料や砂糖などがもたらされ、これがドニエプル川を介して南北を往来した。

　交易網の活況とともに、ルーシの各地で都市が勃興した。これらの都市は概して城壁に囲まれており、なかでもステップ地域の遊牧民と接した諸都市はその傾向が強かった。大都市ではデティネツやクレムリといった城塞が内部に設けられ、城塞は都市の支配者の居城でもあった。今日のモスクワ市における宮殿「クレムリン」も、こうした都市城塞に起源を持つものである。

　「ヴァリャーグからギリシアへの道」の交易を介して、ルーシは東ローマ帝国との関係を深めることとなった。大公スヴャトスラフ1世（位945～

72）は、バルカン半島に遠征しブルガリアを撃破すると、東ローマ帝国に兵を進めその領土を要求した。しかし、時の東ローマ皇帝ヨハネス1世ツィミスケスに敗北を喫し、その遠征の帰路で遊牧民ペチェネグ人の襲撃を受け戦死する。スヴャトスラフの子ウラジーミル1世（位978〜1015）は東ローマ帝国との関係改善を目指し、その一環として東ローマ皇帝バシレイオス2世の妹アンナを妃に迎える。また、これと前後してキリスト教を国教として導入し、従来の異教信仰に対する弾圧も展開した。キエフには府主教が設置され、東ローマ帝国のコンスタンティノープル総主教の影響下に置かれた。こうしてウラジーミル1世は、今日に至る正教国としての東スラヴ諸国の方向性を定めることになる。

クマンとモンゴル──遊牧民とルーシの抗争

　ルーシの位置した東ヨーロッパ平原は、ユーラシアステップの西端にあたり、古代より様々な遊牧民が割拠した地であった。古くは黒海北岸（現ウクライナ）を中心にスキタイ諸族が栄えたが、ルーシの勃興期にこの地域に勢力を張ったのがペチェネグ人であった。彼らはテュルク（トルコ）系の遊牧民であり、黒海への進出を図るルーシと頻繁に干戈を交えた。

　12世紀よりペチェネグ人部族の連合が次第に緩み始めると、これを吸収して強大化したのがクマン（ポロヴェツ）人であった。クマン人もまたテュルク系の遊牧民であり、12世紀にキエフ・ルーシの君主権の弱体化にともなって盛んにルーシへの侵攻と略奪を繰り返した。このクマン人との戦いで有名なのが、ノヴゴロドおよびセヴェルスキー公であったイーゴリの遠征であり、これはクマン人のコンチャーク・ハンにより敗北に終わった。後世のこの遠征は民族叙事詩である『イーゴリ遠征物語』にまとめられ、アレクサンドル・ボロディンのオペラ「イーゴリ公」はこれに取材したものである。オペラの作中での楽曲「だったん人の踊り」における「だ

序　章
中世の幕開け

第1章
中世　軍事技術に見る

第2章
フランス

第3章
ドイツ

第4章
スイス

第5章
スペイン

第6章
中世ロシア国家

第7章
ポーランド

第8章
ユーゴスラヴィアの形成

ったん人」とは、ポロヴェツ（クマン）人を指す。

　クマン人とルーシの抗争に決着がつかないまま、13世紀に東方より強大な脅威が訪れた。チンギス・カン（位1206～27）により勃興したモンゴル帝国（大モンゴル国）である。チンギスの治世には武将ジェベとスブタイに率いられた遠征軍が侵攻し、ルーシとクマン人は共同でこれに対抗した。だが、両者は1223年のカルカ河畔の戦いで大敗を喫した。続くオゴデイ・カアン（オゴタイ、位1229～41）の治世には、オゴデイの甥バトゥを総司令官にスブタイを副将とした遠征軍が派遣された。

　当時のキエフ・ルーシはヤロスラフ１世（位1019～54）が諸子を重要都市に配したことにより、諸都市の公らの自立が進み大公権の弱体化が顕著であった。ルーシ諸侯の結束がままならないなか、モンゴルはこれを利用して要地をひとつずつ攻略した。ルーシ北部の諸都市はモンゴルの略奪と破壊に遭い、西部のスモレンスクのようにモンゴルへの臣従と貢納を約した都市は破壊を免れた。

　一方で、北西のノヴゴロドやプスコフは、幸運にもモンゴルの侵攻そのものを受けなかった。1240年にはルーシの中心都市であったキエフが陥落・破壊され、「キエフ・ルーシ」という国家は滅亡した。とはいえ、キエフの大公家の「分家」である諸公国のなかには先述のように存続を許されたものも少なくはなく、バトゥはこれらのルーシ諸侯を間接支配下に置いた。これによりバトゥの征服地には、クマン人やルーシ諸侯を包含するジョチ・ウルス（一般にキプチャク・ハン国）が形成された。

　モンゴルのルーシ統治は、貢納や軍役と引き換えに従来の公に自治を許すというものであった。ジョチ・ウルスのハンは諸侯の任免権を掌握し、納税や軍役を怠った諸公国はモンゴル軍の報復を受けた。一方で、モンゴルへの臣従を自らの勢力拡大に利用した者もいた。そうした１人であるノヴゴロド公およびウラジーミル大公であったアレクサンドル（ノヴゴロド

公：位1236～51、ウラジーミル大公：1252～63）は、モンゴルに積極的に臣従し、その後ろ盾を得ることで西方より進出するカトリック勢力に対抗した。当時カトリック世界では、教皇庁の意向によりバルト海沿岸への十字軍が展開された。バルト海沿岸の諸勢力は、この北方十字軍を勢力拡大に利用せんとしたのである。

　アレクサンドルはこうしたカトリック勢力に対峙し、1240年にはネヴァ川の河畔でスウェーデン軍を、1242年には氷結したチェド（ペイプス）湖上でドイツ騎士団を撃破し、カトリックの進出を阻んだ。後世のロシア民族主義者らは、ネヴァ河畔の戦いをアレクサンドルの民族的勝利として捉え、これにより今日の彼はアレクサンドル・ネフスキー（ネヴァ川の勝利者の意）と通称される（ネヴァ河畔の戦いは戦闘の規模や存在そのものについて議論がある）。アレクサンドル・ネフスキーの死後、彼の所領は諸子により分割相続され、このうち末子のダニール・アレクサンドロヴィッチはモスクワ公となった。

「ルーシ」から「モスコヴィア」へ

　ジョチ・ウルス（モンゴル）支配下のルーシ諸侯のなかで、次第に頭角を現したのがモスクワであった。ダニール・アレクサンドロヴィッチの息子イヴァン1世（位1325～40）は「カリター」と渾名され、これは「金袋」を意味する。その二つ名のとおり、イヴァン1世はジョチ・ウルスにおける徴税を請け負うことでモスクワに富をもたらした。これがモスクワの勢力拡大を促し、イヴァン1世は所領を買収するなどして支配域を徐々に拡げた。このダニールに始まるモスクワ公領は次第にロシア諸侯を包摂する国家に発展する。一般にこの国家は日本では「モスクワ大公国」と称されるが、西ヨーロッパの史料などではラテン語で「モスコヴィア」Moscovia と言及されることが多い。

序章　中世の幕開け
第1章　中世 軍事技術に見る
第2章　フランス
第3章　ドイツ
第4章　スイス
第5章　スペイン
第6章　中世ロシア国家
第7章　ポーランド
第8章　ユーゴスラヴィアの形成

モスコヴィアの国制は、この国家を支配したジョチ・ウルス、すなわちモンゴルの影響を強く受けたものであった。徴税請負を開始した頃よりジョチ・ウルスの官僚制や財政システムを模倣したものと考えられる。貨幣Деньги、税関Таможняといった税・財政に関する現代ロシア語が、いずれもモンゴル・タタール語に由来するのはこの名残である。16〜17世紀のモスコヴィアの官僚が用いた官房言語には、独特の言い回しや決まり文句などからテュルク・タタール語の影響が強く表れているとされ、モスコヴィアとジョチ・ウルスの官僚制の連続性は、必ずしも確証されていないながらも強い相関性を窺わせる。

　また、軍制や交通システムも同様の影響が窺え、とりわけ交通網はモンゴルのジャムチ（駅伝制）をモデルとした駅逓制（ヤム）が15世紀末より整備された。ジャムチが周辺住民に駅の食料や替え馬の提供を求めたのに対し、モスコヴィアのヤムでは駅逓を管轄する官僚組織を整備してこれを維持した。このヤムは当時のヨーロッパ諸国と比べても高度に整備された交通網であり、ロシア語のヤムもまたモンゴル語のジャムチを語源とする。

　こうした点から、モスコヴィア（モスクワ大公国）はルーシの継承国家というよりも、モンゴルの後継国家としての側面が強い国家であったということが言える。このモンゴルの影響を受けた諸制度を継承・発展させたことで、モスコヴィアは同時代のヨーロッパ諸国に比べて集権的な国家の建設を可能としたのである。

　モスコヴィアは1380年にクリコヴォの戦いで、ジョチ・ウルスの実力者（事実上の支配者）ママイに勝利した。従来はこのクリコヴォの戦いによりモスコヴィアの自立が達成されたと言われたが、近年の説ではこの戦闘の影響は相対的に大きいものではなく、モスコヴィアの完全な自立はイヴァン３世（位1462〜1505）の治世まで待たねばならないとされる。イヴァ

3世はモンゴル支配からの脱却に成功し、またロシア諸公国の統一に成功
した。さらにイヴァン3世は、すでに滅亡して20年ほどの東ローマ帝国最
後の皇帝コンスタンティノス11世の姪ゾエ（ソフィア）を妃に迎え、君主
号として初めて「ツァーリ」を名乗った。これはギリシア語の「カイサル
（カエサル）」をロシア語（厳密には古代スラヴ語）に転写した「ツェサー
リ」を省略したものである。

このイヴァン3世によるツァーリ号の採用は、彼が東ローマ皇帝の後継
者を自認したとされることが多いが、その実態はやや異なっている。で
は、イヴァン3世がツァーリを採用した意義とは一体何か。この疑問を解
くためには、ルーシにおけるツァーリ号の地位を振り返る必要がある。

ルーシとモンゴルの「ツァーリ」

ルーシの間では「ツェサーリ」は古代より知られた称号で、当初は聖書
の登場人物たるローマ皇帝や東ローマ皇帝を指す言葉として用いられた。
11世紀になると、ツァーリはキエフ・ルーシの君主を指す言葉としても使
用されるようになり、ヤロスラフ1世の碑文などにその用法が見られる。
しかし、このキエフ・ルーシにおけるツァーリ号の使用は、東ローマ帝国
や神聖ローマ帝国の「ツァーリ（皇帝）」に、必ずしも対抗しようとした
ものではない。この当時のツァーリは、生前の公を称える目的で記念碑な
どに使用されたものであり、これは東ローマ帝国における皇帝への頌詩の
影響を受けたものとされる。また、ルーシの君主は東ローマ帝国に対して
ツァーリの称号を要求することはなかった。

キエフ・ルーシの公（君主）がツァーリ号にこだわらなかった理由は、
当時の公の権威が盤石であり、ルーシ全域がその支配を受け容れていたこ
とによる。しかし、12世紀末より諸公国が自立ないし独立を果たすと、各
地の「公」が自身の政治的優位を主張する必要が生じた。こうした事情か

序章
中世の幕開け

第1章
中世 軍事技術に見る

第2章
フランス

第3章
ドイツ

第4章
スイス

第5章
スペイン

第6章
中世ロシア国家

第7章
ポーランド

第8章
ユーゴスラヴィアの形成

ら特別な称号の使
用が始まり、ツァ
ーリ号が見出され
た。とはいえ、こ
の時点のツァーリ
は「格式高さ」を
示すものにとどま
り、全ルーシの支
配者を指す君主号
では決してなかっ
た。

　ツァーリ号は13
世紀から始まるモ
ンゴルのルーシ支
配により、新たな
局面を迎えた。ジ
ョチ・ウルス（キ

図17　16世紀初頭のモスコヴィア（イヴァン３世による拡張）

プチャク・ハン国）のカンもツァーリを使用し、モンゴル君主がロシア諸侯
を支配するための君主号として定着し始めた。当初モンゴル支配下のルー
シでは、モンゴル帝国全土を支配するカン（大ハーン）がツァーリと呼ば
れたが、13世紀半ばよりジョチ・ウルスが政治的自立を成すと、ジョチ・
ウルスの君主を指してツァーリが使用されるようになった。

　ツァーリ号がモンゴル君主の呼称として受容された背景には、1204年の
第４回十字軍による東ローマ帝国の首都コンスタンティノープル陥落も大
きく影響している。この事件は、ルーシにとって「ツァーリ国（東ローマ
帝国）の滅亡」と捉えられた。ジョチ・ウルスのカンの登場は、東ローマ
帝国のツァーリに代わるロシア諸侯の宗主の到来であった。このことか

ら、ルーシは東ローマ帝国を、実態はともなわないにしろ自分たちの宗主
国とみなしていたと思われ、さながら中華皇帝を宗主とする東アジアの冊_{さく}
封_{ほう}体制を彷彿とさせる。

　1261年に東ローマ帝国は再建されたが、東ローマ皇帝とコンスタンティ
ノープル総主教はジョチ・ウルスと同盟を結び、ジョチ・ウルスのルーシ
支配とその宗主権を、事実上追認した。この東ローマとジョチ・ウルスの
同盟では、ルーシが政治的にはカンに服従しつつも、ルーシの教会に関し
てはコンスタンティノープル総主教に服することが互いに認められた。
「東ローマのツァーリ」による「モンゴルのツァーリ」の承認により、ルー
シの公がツァーリと呼ばれることはほとんどなくなった。しかし、これ
によりルーシにおけるツァーリは、「自分より上位に宗主を持たない至上
の支配者」として認識されるようになった。

　したがって、前節のイヴァン3世によるツァーリ号の採用は、ジョチ・
ウルス以来のルーシ支配を継承したものであり、ツァーリ号を採用したか
らといってその国家体制に大きな変化が生じたわけではない。このため、
ソフィアとの婚姻は、東ローマ帝国の継承者というよりも、「モンゴルの
ツァーリ」に対抗しうる君主としての正統性を持たせるものであったと見
ることもできる。しかし、モスコヴィアがツァーリ号を採用した背景は、
衰亡_{はなは}甚だしいモンゴルではなく、それとはまた異なる「競合相手」を想定
したものだったのかもしれない。このルーシ支配をめぐる「競合相手」
は、モスコヴィアの台頭期に南で興隆した勢力であった。

「ルーシ」か「ロシア」か

　モスコヴィアはイヴァン3世の手によりロシア諸公国を統一した。その
領域は広大ではあったが、支配域は大きく北に寄ったものであった。ドニ

序章
中世の幕開け

第1章
中世
軍事技術に見る

第2章
フランス

第3章
ドイツ

第4章
スイス

第5章
スペイン

第6章
中世ロシア国家

第7章
ポーランド

第8章
ユーゴスラヴィア
の形成

エプル川下流域のキエフなど、かつてのルーシの中心都市はモスコヴィアに含まれず、この地を支配していたのはハールィチ・ヴォルィーニ大公国であった。1240年にモンゴル軍がキエフを攻略すると、キエフ大公であったダヌィーロ・ロマノヴィッチ（位1239～40）は本拠地のハールィチ・ヴォルィーニ大公国に後退し（位1238～50）、モンゴルに臣従を余儀なくされた。その一方で、ダヌィーロはモンゴルに対抗するためローマ・カトリックとの連携を図り、1253年に教皇代理の手により「ルーシの王」Rex Russiae に戴冠された。

　西欧の史料がモスクワを中心とした政権を「モスコヴィア」と称した理由はここにあり、西欧人、なかでもローマ教会にとって「ルーシ」とはハールィチ・ヴォルィーニ大公国を指すものであった。しかし、ハールィチ・ヴォルィーニ大公国は、かつてのキエフ・ルーシのように、スラヴ語で「ボヤール」と呼ばれた貴族の影響力が強く、君主権は脆弱なものでしかなかった。このため1340年にダヌィーロに由来する大公家が断絶すると、ボヤールらの内紛により大公国の結束が崩れ、隣国のポーランド王国とリトアニア大公国の侵攻を許した。これにより、ハールィチはポーランドが、ヴォルィーニはリトアニアがそれぞれ支配することになった。

　ポーランドとリトアニアは1386年にヤギェウォ朝として同君連合を組み、1569年のルブリン合同でリトアニアは事実上ポーランドに統合された。キエフを含むかつてのルーシの故地も、このとき正式にポーランドの支配下に入った。

　一方で、この頃よりポーランドやモスコヴィアの南部国境地帯、すなわち黒海北岸地域にコサックと呼ばれる遊牧集団が形成された。コサックたちは次第にポーランド政府の宗教政策や農奴化、搾取による不満を高め、ついにザポロージャ・コサック軍がボフダン・フメリニツキーという頭目を中心に反乱を起こし、独立を宣言した。このザポロージャ・コサックによる独立国家は、一般に「ヘーチマン国家」（1648～1764、コサックの軍団

長をヘーチマンと呼んだことに由来する）と呼ばれたが、彼らはキエフ・ルーシ時代の地名に由来する「ウクライナ」を自称した。

このヘーチマン国家、すなわち史上最初のウクライナ国家はモスコヴィアに保護を求めたが、最終的にはポーランドとモスコヴィアにより分割された。さらに、ポーランドもまた18世紀に3回にわたるポーランド分割（1772、1793、1795）で消滅し、ウクライナはロシアの支配下に入った。

ロシア国家の起源はルーシにあり、中世のルーシはヴァイキングの影響を受けた交易国家として発展した。ルーシは東ローマ帝国の宗主権を形式的とはいえ受容し、ギリシア正教圏に組み込まれた。しかし、13世紀にモンゴルの支配を受けると、北方ルーシはのちにモスコヴィアを形成し、南方のルーシはハールィチ・ヴォルィーニ大公国を経てウクライナ国家の原型となった。

モスコヴィアがモンゴル（ジョチ・ウルス）の国家体制を色濃く受け継いだのに対し、ハールィチ・ヴォルィーニ大公国はかつてのキエフ・ルーシの国制が維持された。一方で、モスコヴィアはモンゴルの君主に代わって「ツァーリ」を主張することで、全ルーシの支配者を自認し、ハールィチ・ヴォルィーニ大公国の「正統性」に対抗しようとしたのかもしれない。

では、どちらが「ルーシの後継者」たる存在と言えるのか。おそらくこれに対する明確な解答はないと言えるだろう。ロシアとは、あるいはロシア国家とは何か。また、ウクライナとは何か。中世のロシアには、今日に至るロシア・ウクライナ間の複雑に絡み合った諸問題の根源と言える要素が多分に含まれている。これらの「答えのない問」について考察することは、現行の諸問題を深く考察することにほかならない。中世ロシア国家の展開は、今日の世界情勢を考える上で、非常に示唆に富んだテーマを提供するものなのである。

序 章 中世の幕開け

第1章 中世軍事技術に見る

第2章 フランス

第3章 ドイツ

第4章 スイス

第5章 スペイン

第6章 中世ロシア国家

第7章 ポーランド

第8章 ユーゴスラヴィアの形成

ポーランド
―民主国家と近世の大国への道―

　ポーランドという国家の歴史を、悲運と捉える読者も少なくはないであろう。事実、ポーランドは18世紀が終わるまでに隣国により分割されて消滅し、第一次世界大戦後に復活を遂げたが、第二次世界大戦の開戦と同時に独ソにまたも分割されている。確かに、歴史上、ポーランドは隣国に翻弄され続けた。これはポーランドという国家が建国された草創期からしてそうであった。

　しかし、中世後期には強国としての地歩を固め、近世のポーランドは当時のヨーロッパのパワーバランスを左右しうる、紛れもない列強の一角を占める大国となった。さらに近世のポーランドは、王権が制限される一方で代議制が著しく発達し、当世において最も「民主的」な国家であるとされた。この民主国家としてのポーランド国制は、アメリカ合衆国などにも影響を与えるなど、その遺産は計り知れない。

　近世に強国となるポーランド国家は中世に成立するが、その道は決して平坦なものではなかった。中世のポーランドは常に脅威となる勢力が控え、さらには国内では諸侯が自立の傾向を強めるなど、まさに内憂外患といった状況が続いた。国外の脅威に対して、ポーランドは隣国との協同を選んだが、これはポーランドにおける分権化をより一層進めることとなった。こうした中世におけるポーランドの方向性を決定付けたのが、2つの外民族の存在であった。ひとつはドイツ人、そしてもうひとつはモンゴル人である。

序章
中世の幕開け

第1章
中世
軍事技術に見る

第2章
フランス

第3章
ドイツ

第4章
スイス

第5章
スペイン

第6章
中世ロシア国家

第7章
ポーランド

第8章
の形成
ユーゴスラヴィア

ピャスト朝の成立──国家建設とカトリックの受容

　現在のポーランドにあたる地域は、古代より西スラヴ人が居住していた。のちに「ポーランド人」と称される集団は、6世紀半ばまでに様々な部族が割拠していた。これらの部族のうち、レヒ族とゴプラン族からなる部族連合であるポラニェ族が台頭した。現在の「ポーランド」という名称は、このポラニェ族の名に由来し、その名は「平原」を意味するものであった。

　ポラニェ族の族長ミェシュコは、ポラニェ族の支配域を東方と北方に拡げ、また治世の末期にはベーメン（ボヘミア、現在のチェコ西部）王国に勝利し南部にも進出を果たした。ミェシュコは963年にポーランド公を名乗り、実質的なポーランド国家の建国者となった（～92）。

　しかし、建国間もないポーランド公国は非キリスト教の国家であり、これを理由に隣国の神聖ローマ帝国の脅威に晒された。元来、エルベ川東部の一帯は、カール大帝の征服事業によりフランク王国に臣従しており、フランクの分割以降は東フランクの宗主下に置かれた。このため公国西部のポモリエ（ドイツ語名ポンメルン）やルブシュといった所領は、東フランクおよびドイツ王国（神聖ローマ帝国）の封土にあたり、これらの所領の支配権を主張するドイツに対し、ミェシュコは貢納を余儀なくされた。また当時のドイツ王室であったザクセン公家は、自領の東方への拡張を試み、オットー1世（初代神聖ローマ皇帝）は治世当初よりスラヴ人地域のキリスト教化を理由に植民地化を進めていた。

　これに苦慮したミェシュコはローマ教皇に接近した。ミェシュコはカトリックを受容し、さらにカトリックのベーメン王女ドゥブラフカを妃に迎えることで神聖ローマ帝国の干渉に対抗した。この辺りの事情は、ハンガリーのカトリック受容とも共通するが、ともあれ以降の中世ポーランドの君主はミェシュコ（あるいはポーランド公ミェシュコ1世）の家系により継

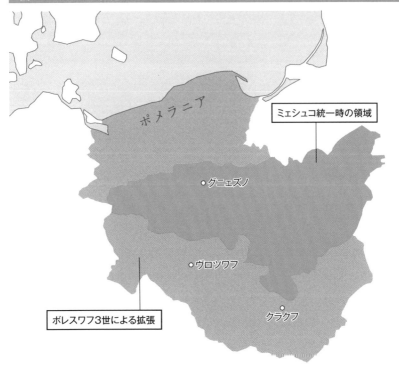

図18　10〜12世紀のポーランド国家

ポメラニア

ミェシュコ統一時の領域

・グニェズノ

・ヴロツワフ

ボレスワフ3世による拡張

クラクフ

承され、彼の高祖父の名をとってピャスト朝と呼ばれる。

　ミェシュコ１世の子ボレスワフ１世（位992〜1025）は、ポーランドの国土をほぼ確定させ、これは奇しくも今日のポーランド国境にほぼ一致する。ボレスワフ１世は治世初期は神聖ローマ皇帝オットー３世と同盟したが、後年はベーメンやマイセンといった神聖ローマ帝国の領土に攻め込み、またキエフ・ルーシにも侵攻するなど強勢を誇った。これにより、死の直前の1025年に神聖ローマ帝国により王冠を贈呈され、ポーランド王として認知された。

　ボレスワフ１世は初代ポーランド王となり、これをもってポーランド王

序章
中世の幕開け

第1章
中世軍事技術に見る

第2章
フランス

第3章
ドイツ

第4章
スイス

第5章
スペイン

第6章
中世ロシア国家

第7章
ポーランド

第8章
ユーゴスラヴィアの形成

国が成立したものとみなす。このピャスト朝は、ミェシュコ1世より概して国内統合よりも外征による勢力拡大を進める傾向があった。この対外志向が、西スラヴ人に対し宗主権を主張する神聖ローマ帝国と必然的に対峙し、ポーランドとドイツの対立は以降も継続することになる。

　11世紀に在位したカジミェシュ1世（位1039〜58）は、それまでのポーランドの中心都市であった西部のグニェズノから南部のクラクフに遷都した。このクラクフをはじめ、グニェズノ、コロブジェク、ヴロツワフ（ドイツ語名ブレスラウ）などの諸都市は、1000年に神聖ローマ皇帝オットー3世により大司教座が設置された拠点であった。ポーランド地域で最初にカトリックの大司教座が建設された都市はポズナン（ドイツ語名ポーゼン）であったが、ポズナン大司教はマクデブルク大司教の管轄下に置かれたままであった。カトリック受容後のポーランドであっても、ポーランドの教会は神聖ローマ帝国の影響下に置かれた。クラクフ大司教などは11世紀までドイツ人がその地位を占め、ポーランド国内に一定の影響力を保持していたのである。転換点となったのは、1061年にクラクフ大司教となったランベルトである。彼はピャスト家の出身とされ、ポーランドのロマネスク建築の代表とされるヴァヴェル大聖堂の建設を監督するなど、ポーランド人高位聖職者の礎を築いたと言える。

　しかし、ピャスト朝ポーランドが対峙しなければならなかったのはドイツだけではなかった。ミェシュコ1世以来、ピャスト朝の支配下に置かれたポーランド諸族の族長は、キリスト教受容後に封建諸侯となったが、キリスト教化以前の旧習や国王による権力強化に反発し、しばしば王権に反旗を翻した。例えば、ミェシュコ2世（位1025〜34）は庶兄であったベスプリムとの抗争で一時王位を追われた。ベスプリムは自身の王位のために、キエフ・ルーシの大公ヤロスラフ1世の支援を受け、さらにドイツ王の宗主権を認めることで王位の確立を図った。間もなくミェシュコ2世は

ベスプリムを破って復位を遂げたが、その２年後に変死した（諸侯による暗殺が有力視される）。

　ミェシュコ２世に続くカジミェシュ１世の治世は比較的安定したが、次代ボレスワフ２世（位1076〜79）はクラクフ大司教スタニスワフと対立し、彼を殺害するに至った。スタニスワフはローマ教皇の忠実な奉仕者であったことからローマ教会との関係が悪化し、さらに治世末期には貴族の反乱によりボレスワフ２世は廃位された。このときのローマ教会との対立から、ポーランドでは1295年まで「国王」の位が認められなかった。ポーランドの国内対立はローマ教皇を含めた諸外国の干渉を招き、ポーランドの国家統合は停滞することになる。

「国王」の称号が取り消されたこの期間に、顕著な役割を果たしたのが、ボレスワフ３世 曲 唇公（ポーランド大公、位1107〜38）であった。ボレスワフ３世の治世で最大の事業は、ポメラニア（ポンメルン）の征服と改宗である。ポメラニアはバルト海南岸、現在のドイツ北東部からポーランド北西部に至る地域で、ほぼ中央にオーデル（オドラ）川が流れ込んでいる。ポメラニアは土地がやせている一方、沿岸部はオーデル川の河口域を中心に天然の良港が位置し、バルト海進出への拠点としてポーランドとドイツの争奪の場となった。ポメラニアはミェシュコ１世の遠征を受けポーランドの支配下にあったが、この地域のキリスト教化は進まず、ミェシュコ１世が没するとその支配から離れ、ポメラニア諸族は自立を果たした。

　ボレスワフ３世は1102年から21年にかけてポメラニアに繰り返し遠征を敢行し、これによりポメラニア各地は荒廃したが、この地はポーランドの支配に再び服した。一方で、ボレスワフ３世はスペイン人聖職者のベルンハルトをレブス司教に招聘したが、これは失敗に終わった。続いてボレスワフ３世はバンベルク司教オットーを招いた。オットーの布教活動は成功裏に終わり、これによりポメラニアにカトリックが定着した。カトリック

受容後のポメラニアでは、シュテッティン（シュチェチン）やシュトラル
ズントといった都市が、バルト海貿易で興隆することになる。

　しかし、このポメラニア公国は最終的に神聖ローマ皇帝の封臣となり、
ポーランドの支配から離れることになった。それというのも、ボレスワフ
3世の死に際してポーランドの国土は4子により分割され、ポメラニアは
神聖ローマ皇帝を宗主とし、ピャスト家の長子が管理するものとされたか
らである。ボレスワフ3世による国土分割は、フランク王国の分割相続よ
ろしく、王位継承をめぐる抗争を招きポーランド王権の弱体化を招いた。

東方植民の開始

　ポーランドと神聖ローマ帝国の複雑な関係を構築した一因が、12世紀に
始まるドイツ人の東方植民であった。ここではポーランドからドイツに目
を移し、ドイツ人の東方植民について詳しく見てみよう。

　ヨーロッパの中央を流れるエルベ川は、中世においては長らくヨーロッ
パ世界の境界線とみなされた。カール大帝により日の目を見た「ヨーロッ
パ世界」の東の境界は、ほぼこのエルベ川に相当し、これより東はスラヴ
人やバルト系諸民族の居住地とされた。カール大帝はエルベ川以東のスラ
ヴ人諸族にも積極的な遠征を仕掛け、これにより北部のオボトリート人や
ヴェンド人がその支配に服した。カール大帝の子ルートヴィヒ1世は、エ
ルベ川の河口に「ハンマブルク」という軍事拠点を築き、これがのちにハ
ンブルクに発展する。

　第2次民族大移動期が終わる頃までに、オーデル川以西のスラヴ諸族は
ドイツ人より「ヴェンド人」と総称されるようになった。ヴェンド人の居
住地は名目上は東フランク、あるいは神聖ローマ帝国の領土とされながら
も、異教信仰を捨てず、しばしば反乱や近隣諸侯への侵攻を繰り返した。
なかでも北方のザクセン大公国はヴェンド人と頻繁に争い、ヴェンド人へ

序章
中世の幕開け

第1章
中世　軍事技術に見る

第2章
フランス

第3章
ドイツ

第4章
スイス

第5章
スペイン

第6章
中世ロシア国家

第7章
ポーランド

第8章
ユーゴスラヴィアの形成

の防衛拠点としてビルンク辺境伯やノルトマルクといった諸侯領が創設された。ノルトマルクは後世にブランデンブルク辺境伯に発展する。

　ヴェンド人との抗争の転換となったのが、11世紀に始まった十字軍であった。1099年に第1回十字軍が聖地エルサレムを攻略したが、12世紀にシリアでザンギー朝を中心とするイスラーム勢力が十字軍国家を脅かすと、教皇庁は第2回十字軍を呼びかけた（1147）。このとき、十字軍への参加を各地で説いて回ったのが、12世紀最大の神学者と称されたクレルヴォーのベルナール（のちのカトリックの聖人、聖ベルナルドゥス、1090頃〜1153）であった。ベルナールはドイツでも十字軍への参加を諸侯に呼びかけたが、北ドイツのザクセンなどの領主はヴェンド人の侵入を理由に難色を示した。

　1147年のフランクフルト帝国議会でのザクセン人の申し開きを受けたベルナールは、彼の弟子である当時の教皇エウゲニウス3世に訴えを届けた。教皇は、ヴェンド人をはじめとする「スラヴ人への十字軍と、聖地における十字軍のいずれにおいても得られる精神的な救済に相違はない」という教皇勅書を発表した。

　この教皇勅書の意味するところは、中世において十字軍が「異教徒との戦い」と定義されたことにある。以降の十字軍活動は場所を問わず、征服と改宗によるローマ・カトリック圏の拡大と捉えられた。カトリック圏の拡大はヨーロッパ世界の拡大にほかならず、近世の大航海時代や近代の帝国主義などに至る、ヨーロッパの膨張運動の遠因となる。さて、ザクセンをはじめとする北ドイツ諸侯は、教皇勅書を受け「ヴェンド十字軍」を組織し、これにはザクセン公ハインリヒ獅子公をはじめ、ブレーメン大司教やデンマーク王も参加した。しかし、ヴェンド人のゲリラ戦術や諸侯の内紛により足並みがそろわず、顕著な成果のないままこの十字軍は終了した。

ヴェンド十字軍は成功とは言い難いものであったが、エルベ川以東の異教徒との戦いが「十字軍」と承認された影響は大きかった。ザクセンをはじめとするドイツ人の関心は東方へと向かい、組織的な植民活動の先鞭をつけたのである。この東方植民活動は、ポーランドそのものが対象となるわけではなかったが、ポーランドと抗争を繰り広げる異教徒の諸族にドイツ人が介入する契機を与えた。ポーランド人とドイツ人は時に手を組み、時に反目しながらも、異教徒に対する共同戦線を張り続けていたのである。

モンゴルの来襲とピャスト朝の全盛

ボレスワフ３世以降のポーランドは、君主権の弱体化が顕著となる一方であった。ボレスワフの子レシェク１世は３度にわたり廃位され、最終的に暗殺されるなど、ポーランドの分権化は13世紀に顕著となっていた。こうしたなかで、ポーランドに強大な脅威が来襲する。1241年のチンギス・カンの孫バトゥ率いる征西軍による、東ヨーロッパの席巻である。ポーランドには征西軍の分遣隊が侵攻し、クラクフやシロンスク（ドイツ語名シュレジエン）など各地が荒らされた。

シロンスク公ハインリヒ（ヘンリク）を中心に、神聖ローマ帝国の諸侯やドイツ騎士団などが結集してモンゴル軍に挑んだが、この連合軍はヴァールシュタットの戦い（「死体の丘」の意、地名からはレグニツァの戦い）で大敗を喫し、ハインリヒらは戦死した。一方で、この戦闘の史実性を疑問視する声も少なくなく、ヴァールシュタットの戦いは局地的な小規模戦闘にとどまるとする意見も見られる。

いずれにせよ、モンゴルの襲来がポーランド各地に甚大な被害を与えたことは事実で、なかでも1259年にハールィチ・ヴォルィーニ公国と組んだモンゴルの２度目の来襲によって国土は大いに荒廃した。荒廃により人口

の減少したポーランドでは、とりわけシロンスク諸侯がドイツ人の入植を歓迎した。東方植民の只中にあったドイツではザクセン人を中心にシロンスクをはじめポーランド西部への移住が進んだ。この結果、シロンスクはドイツ化が進み、シロンスク（シュレジエン）の支配者たちはドイツとの結びつきを重視して勢力拡大を試みた。

　モンゴルの来襲が一段落した14世紀に入ると、ポーランドでは国家統合が進んだ。国王ヴワディスワフ１世（位1320〜33）はポーランドの統合に成功したが、ポンメルンへの支配権の行使は失敗し、さらにシロンスク諸侯はベーメン王の封臣となり王権に対抗した。ヴワディスワフ１世の跡を継いだカジミェシュ３世（位1333〜70）は「大王」と称され、ピアスト朝ポーランドの全盛期を築いた。

　カジミェシュ３世は教皇の仲介を利用して、ドイツ騎士団や神聖ローマ帝国と和解し、一方でモンゴルの来襲以来の敵対関係となっていたハールィチ・ヴォルィーニ公国に遠征を仕掛けた。これによりポーランドの領土を大きく東に拡大した。カジミェシュ３世は法典を整備して貴族の権力の制限を試み、またユダヤ教徒を保護しクラクフ大学の創立に携わるなど、文化事業でもポーランドに大きく貢献した。

ドイツ騎士団とリトアニア大公国の隆盛

　さて、14世紀に入ると、ポーランド王国はドイツ騎士団（英語読みのテュートン騎士団の名でも知られる）との抗争が本格化する。このドイツ騎士団は、折からの東方植民を受けてバルト海南岸に進出し、この地に一大勢力を築いた。元来は、聖地における巡礼者の保護を目的とした騎士修道会で、ドイツ騎士団は正式には「エルサレムにおけるドイツ人の聖母マリア騎士修道会」Ordo domus Sanctae Mariae Theutonicorum

Ierosolimitanorum という。当初は聖地での活動を主としていたが、先行するテンプル騎士団や聖ヨハネ騎士団などとの競合や、イスラーム勢力の攻勢により聖地での活動は縮小する一方であった。

　13世紀のドイツ騎士団総長 Hochmeister であったヘルマン・フォン・ザルツァ（位1209／10〜39）は、当時の神聖ローマ皇帝フリードリヒ2世の側近であり、彼の率いる第6回十字軍にも従軍した。聖地での活動に限界を見出したヘルマンは、ハンガリーでの植民活動（1211〜25）を試みるが失敗し、最終的な目的地を東ヨーロッパに求めた。ポーランド王の封臣であったマゾフシェ公コンラート1世は、バルト海沿岸の異教徒・プルーセン人（プロイセン人）の侵入に悩み、この異教徒への備えとしてドイツ騎士団を招聘した。騎士団総長ヘルマンはこれに応じるとともに、皇帝フリードリヒ2世に、プロイセンでの騎士団の権利を保障するように働きかけた。こうしてドイツ騎士団による、バルト海南岸への植民活動が本格化することになった。

　ドイツ騎士団の団員は修道士であり、妻帯や私有財産の所有は認められなかったが、所領を持たない領主の子弟がこぞって参加したため、人材の確保は安泰であった。騎士団は13世紀にプロイセン地方の征服を完了し、また同時にリヴォニア地方（エストニア・ラトヴィアの一帯）の支配権も手にし、この地に騎士団国家を築いた。この国家はドイツ騎士団邦国と通称され、その領域では異教徒への迫害・虐殺を含めた改宗が進んだ。一方でドイツ騎士団は、同世紀に台頭したハンザ同盟と強く結びつき、バルト海貿易にも大きく食い込むことになった。

　騎士団の勢力拡大と並行して、南の隣国であるポーランドとの関係は悪化した。ポメラニアをはじめバルト海への進出を試みてきたポーランドは、新興勢力であるドイツ騎士団にバルト海への出口を阻まれた形になり、騎士団も公然とポーランドに対立するようになった。ヴワディスワフ1世は治世の晩年をドイツ騎士団との戦争に費やし、カジミェシュ3世は

序章　中世の幕開け
第1章　中世軍事技術に見る
第2章　フランス
第3章　ドイツ
第4章　スイス
第5章　スペイン
第6章　中世ロシア国家
第7章　ポーランド
第8章　ユーゴスラヴィアの形成

その巧みな外交手腕から直接の抗争は防いだが、騎士団の弱体化には至らなかった。

　14世紀にドイツ騎士団の主要な交戦対象となっていたのは、「ヨーロッパ最後の異教国」と称されたリトアニア大公国であった。バルト系のリトアニア人は、13世紀まで諸部族に分かれていたが、ドイツ騎士団による度重なる遠征を受けると、急速に国家としての様相を呈するようになった。1236年にミンダウガスという首長がリトアニア諸族を統合し、統一リトアニアの初代君主となった（位〜63）。ミンダウガスはカトリック改宗を条件に教皇よりリトアニア王として承認されたが、彼の改宗は多くのリトアニア人の反発を買い内戦が勃発、ミンダウガスは最終的に異教信仰に回帰したとされる。ミンダウガスはリトアニアで最初で最後の王となったが、彼によって統合された国家はリトアニア大公国と称される。

　リトアニア大公国はミンダウガスが暗殺されると混乱期を迎え、その後もドイツ騎士団をはじめとする近隣勢力との抗争が絶えなかった。しかし、リトアニアは数々の英君に恵まれ、14世紀には帝国といえる規模に成長した。中興の祖ゲディミナス（位1316〜41）はハールィチ・ヴォルィーニ公国を併合してルーシ支配を開始し、続くアルギルダス（位1345〜77）は弟のケーストゥティス（位1381〜82）と協力し、アルギルダスは東方を、ケーストゥティスは西方をそれぞれ統治して大国としての地位を確立した。

　ドイツ騎士団はリトアニアにしばしば軍事遠征を行ったが、その多くは軍旅 Reysa と呼ばれる、国境地帯で略奪を繰り返す局地戦にとどまり、リトアニアの奥深くへと遠征することはなかった。ドイツ騎士団にとって、リトアニアは完全征服するにはあまりにも大国となっており、十字軍の対象以上の脅威となっていた。

序章　中世の幕開け

第1章　中世の軍事技術に見る

第2章　フランス

第3章　ドイツ

第4章　スイス

第5章　スペイン

第6章　中世ロシア国家

第7章　ポーランド

第8章　ユーゴスラヴィアの形成

グルンヴァルトの決戦

だが、リトアニア大公アルギルダスが没すると、彼の息子ヨガイラはドイツ騎士団と結んで叔父ケーストゥティスを排除し、リトアニアの単独支配者となった。これに対してケーストゥティスの息子ヴィータウタスもまた、ドイツ騎士団を頼ってヨガイラに対抗し、リトアニアは内紛状態となった。この内紛を利用した総長ヴィンリヒ・フォン・クニップローデのもとでドイツ騎士団はその全盛期を迎えたが、ヴィンリヒが亡くなるとヨガイラと騎士団も間もなく反目し、ヴィータウタスとヨガイラの和解も成立した。ここに、リトアニア大公国はドイツ騎士団との対決姿勢を明確にし、両者の激突は避けられないものとなりつつあった。

とはいえ、リトアニア大公国単独でドイツ騎士団に対抗するには心許なく、ヨガイラは騎士団に対抗する同盟者を模索した。その候補のひとつはモスコヴィアであったが、正教国であるモスコヴィアはドイツ騎士団の侵攻を止めうる存在にはなりえず、また1384年にジョチ・ウルス（キプチャク・ハン国）のトクタミシュ・ハンのモスクワ包囲を受け、その勢力を一時的に後退させていた。そこで有力候補となったのがポーランドである。

ポーランドは大王カジミェシュ３世が亡くなると、国内の領主層はピャスト家の血を引く王女ヤドヴィガを君主に推した。ヤドヴィガはわずか10歳でポーランド王に即位し（位1384〜99）、さらに彼女を推戴した領主層はヨガイラとヤドヴィガの婚姻交渉も進めた。

1386年に38歳のヨガイラと11歳のヤドヴィガの婚姻がなされ、リトアニア大公国とポーランド王国の同君連合が成立した。これによりポーランドにも新たな王朝であるヤギェウォ朝（「ヤギェウォ」はヨガイラのポーランド語での呼称）が樹立される。ポーランド国王にも即位したヨガイラ（ヤギェウォ）は、異教信仰からカトリックに改宗し、新たに洗礼名を与えられヴワディスワフ２世を名乗った（位1386〜1434）。ヴワディスワフ２世は

リトアニア大公の地位を従弟のヴィータウタスに授けて事実上統治を委任し（位1401～30）、ヴィータウタスはリトアニアの勢力を南北に積極的に拡大した。

　1409年にドイツ騎士団支配下のザモギティア（ジェマイティヤ）で反乱が起こると、リトアニアはこれを支援した。これに反発した騎士団が、リトアニアへの武力介入をちらつかせると、ポーランドはリトアニアの支援を明言し、ついに騎士団はリトアニア・ポーランドに宣戦布告した。1年間の停戦を経て、1410年にポーランド王ヴワディスワフ2世とリトアニア大公ヴィータウタスは、大軍を率いて騎士団の根拠地であるプロイセンに遠征を開始した。これを阻むべく、ドイツ騎士団も総長ウルリヒ・フォン・ユンギンゲンの指揮下に軍を起こして行軍を開始、両軍はプロイセン南部のグルンヴァルト（タンネンベルク）で対峙した。

　大軍同士が対峙したグルンヴァルトの戦場は、まさに決戦と呼ぶにふさわしいものであった。このグルンヴァルトの戦いは、結果はリトアニア・ポーランドの決定的勝利に終わった。半日近くにも及んだ激戦の末、ドイツ騎士団は総長ウルリヒをはじめ多くの騎士が死亡する甚大な被害を被り、一方で勝利したリトアニア・ポーランドもまたすぐには行軍を再開できないほどであった。行軍を再開したポーランド軍であったが、騎士団の最重要地であるマリエンブルク城の包囲には失敗し、ドイツ騎士団はなんとか命脈を保つことになった。とはいえ、騎士団の弱体化は決定的であり、これによりポーランドの黄金時代が幕を開けることとなる。

ヤギェウォ朝の繁栄と「黄金の自由」

　リトアニア・ポーランド王国すなわちヤギェウォ朝はドイツ騎士団の脅威をほぼ払拭したが、一方でこれによる課題も残された。ポーランドは草

序　章
中世の幕開け

第1章
中世
軍事技術に見る

第2章
フランス

第3章
ドイツ

第4章
スイス

第5章
スペイン

第6章
中世ロシア国家

第7章
ポーランド

第8章
ユーゴスラヴィア
の形成

創期以来、カトリック国家であり続けてきたが、リトアニアは支配層がカトリックを受容したとはいえ、その住民の多くは東方正教徒であった。14世紀の拡大により、リトアニアは南ルーシを征服したことで、東スラヴ人が人口の多数派を占めることになったためである。支配層のリトアニア人はカトリックへの改宗が進んだが、キエフ・ルーシ以来の正教徒である東スラヴ人はカトリックを拒み続けた。ヤギェウォ朝成立の翌年にあたる1387年にカトリックがリトアニアの国教となったが、東方正教徒の信仰の自由も保持された。今日では「ヤギェウォ朝の成立」とされる1386年のヨガイラとヤドヴィガの婚姻は、ドイツ騎士団という共通の敵を前に共闘関係を結んだだけに過ぎず、両国は本質的に異なる国家であり続けたのである。

図19　14世紀のリトアニア・ポーランド王国（ヤギェウォ朝成立期）

しかし、1430年にヴィータウタスが継嗣なくして亡くなると、リトアニアの領主層はポーランドとの共同君主を求めた。その背景には、15世紀に勢力を拡大しつつあったモスコヴィア（モスクワ大公国）の存在があった。モスコヴィアはリトアニアに対して圧迫を続け、16世紀初頭にリトアニアは国土の3分の1を失うなど手痛い損害を被った。リトアニアは成長著しいモスコヴィアに対抗するために、もはやポーランドの協力を得るほかなかったのである。1569年にポーランド王ジグムント2世（位1548～72）により、リトアニア領主層との間にルブリン合同が成立した。ルブリン合同は実質的にはポーランドによるリトアニア併合であり、リトアニア領主層の権限はポーランド領主層と同等とされながらも、リトアニアのポーランド化がより進行することとなった。

　リトアニアの吸収が進む一方で、ポーランドの王権は脆弱なままであった。ボレスワフ3世の分割相続より、ポーランドの地方領主層は勢力を強め、彼らは次第に「シュラフタ」と呼ばれるようになった。シュラフタは荘園（私有地）を有し、ヤギェウォ朝の創設年である1386年には、セイム（国会：下院に相当）とセナト（元老院：上院に相当）という2院制とこれらの議会への参政権が認められた。

　これは、ヤギェウォ朝が外国君主の家系にあり、ポーランド国内における権力基盤が脆弱だったことから、ヴワディスワフ2世はシュラフタの権限を容認せざるを得なかったのである。

　シュラフタの権限は拡大されたが、一方でシュラフタという社会層はある程度の流動性を有しており、ルブリン合同ではリトアニア貴族もシュラフタ層に合流し、またリトアニアの支配下にあったルーシ（東スラヴ）人、タタール人、レット（ラトヴィア）人や、ドイツ人、オランダ人、スウェーデン人といった北・西欧人までもが包含された。

　さらにシュラフタの条件は「不輸・不入権と紋章の保持」という2つにとどめられたことから、純粋な領主層だけでなく、その生業もまた多様で

あった。前述のように、シュラフタは議会における参政権が認められ、これは大小にかかわらずすべてのシュラフタに適用された。

シュラフタ層はリトアニア・ポーランドの人口の10％を占めたというが、これは当時の有権者の割合が10％であったとも考えられる。西ヨーロッパで最も議会制度が整備されたイギリスですら、1832年の選挙法改正でようやく有権者の比率が５％近くに増加したことを鑑みると、当時のリトアニア・ポーランドは「最も民主的な国家」であったと考えることができる。

1572年にジグムント２世の死によりヤギェウォ朝が断絶すると、これ以降はシュラフタらが外国君主を含む候補者から国王を選出するという、選挙王制の原則が適用された。16世紀後期以降のポーランドにおける共和政体は「黄金の自由」と通称され、ポーランド国家もまた「ポーランド・リトアニア共和国」と呼ばれることが多い。「黄金の自由」を決定付けたのが1573年のヘンリク条項であり、内容はセイムにおける立法権の承認、セイムの自由選挙における国王選出、セイム開会の義務、セイムの課税審査権などである。これにより、ポーランドは実質的に貴族共和政国家となったのである。

しかし、「黄金の自由」を謳歌したポーランド・リトアニア共和国では、影の側面が着実に国家を内部より蝕んでいった。領主層であるシュラフタは農奴への支配を強めたため、次第に農奴は農奴制の廃止を求めるようになり、各地で反乱を起こすようになった。ポーランド・リトアニア共和国の農奴が、モスコヴィアなどの隣国へ逃亡を図るといった事態も目立つようになる。ルブリン合同でリトアニアからポーランドの支配下に入ったウクライナではこの傾向が顕著であり、これが1648年におけるヘーチマン国家（ウクライナ）の建国の遠因となる。

また、シュラフタに等しく参政権が認められたというのは建前で、実際

序 章　中世の幕開け

第1章　中世軍事技術に見る

第2章　フランス

第3章　ドイツ

第4章　スイス

第5章　スペイン

第6章　中世ロシア国家

第7章　ポーランド

第8章　ユーゴスラヴィアの形成

は一部の大土地所有者であるシュラフタの上位、マグナートと呼ばれるエリート層に国政が左右された。マグナートへの権力の集中は、次第に内部抗争と彼らの腐敗を招き、マグナートらは自らの勢力拡大を目的にこぞって外国君主を国王に推戴した。このため、諸外国はマグナートと結びついてポーランド国政に介入するようになり、近隣諸国の影響がポーランド国内において強まることとなった。

近世以降のポーランド──「民主政」の破綻と分割

　16世紀にポーランド・リトアニア共和国は、領土・人口ともにヨーロッパ最大の列強としての地位を確立した。しかし、貴族共和政によるマグナートへの権限集中は、次第に国政の停滞を招いた。モスコヴィアの「動乱時代（スムータ）」への介入の失敗とロマノフ朝の成立、スウェーデンとの抗争、そしてブランデンブルクの台頭により、ポーランド国力の疲弊が本格化した。そこに、ボフダン・フメリニツキー率いるザポロージャ・コサックの独立、いわゆるヘーチマン国家（ウクライナ）の成立も加わり、共和国の繁栄に翳（かげ）りが見え始める。

「黄金の自由」の時期のポーランドはまた、宗教的寛容でも知られた。シュラフタがその拡張の過程から必然的に多様な人々を包含すると、文化的な他者に対する寛容の精神が育まれることになった。これを最も享受したのが、当時のヨーロッパで迫害の対象となったユダヤ人であった。ポーランドはユダヤ人の最大の避難先であり、その数はポーランドの人口の10％に迫るものであった。

　ところが、モスコヴィアやオスマン帝国との抗争を経て、非カトリック勢力との戦争が相次ぐと、17世紀末期にはカトリックと愛国心が、かつてないほどの結びつきを強めるようになった。この現象は、16世紀に始まるローマ・カトリック教会の対抗宗教改革とも合流し、「ポーランド人」の

アイデンティティの中核をカトリックが担うようになった。ヘーチマン国家との抗争期には、ポーランドにおいても大規模なポグロム（ユダヤ人虐殺）が発生している。

　ポーランド国家の繁栄に徐々に翳りが見えるにつれ、ポーランド国政の欠点も明らかとなった。選挙王制で王権が制限された共和国では、地方の反乱や外国の侵入に際しても、そもそも充分な軍備がないため対処は後手に回らざるを得なかった。フメリニツキーのヘーチマン国家の鎮圧に手間取ったのも、国王が要求した兵力や軍事費を議会が部分的にしか認めなかったからである。17世紀になると、共和国議会はマグナートを筆頭とするシュラフタ諸派の勢力争いの構図がより顕著となり、マグナートらは国政よりも自身の権益の保護や拡大を優先するようになった。

　ヘーチマン国家の独立戦争は、この後に展開される混乱の序章に過ぎなかった。フメリニツキーはモスコヴィアの支援を取り付けることに成功し、モスコヴィアが軍を率いて共和国に侵攻した。当時のモスコヴィアの議会は参戦に消極的であったというが、それでも大軍であることに変わりはなく、共和国のうちリトアニア各地はモスコヴィアの略奪に晒された。

　さらにモスコヴィアと同時にスウェーデン王カール10世がポーランド王位を主張してポーランドに侵攻し、共和国は危機的な状況に陥った。この危機は、1655年にヤースナ・グーラ修道院がスウェーデンに対して英雄的な勝利を飾り、これに鼓舞されたポーランド人民の抵抗で共和国はモスコヴィア・スウェーデンの撃退に成功した。とはいえ、共和国の国土は疲弊し、モスコヴィアにキエフなどウクライナ左岸を割譲するなど、モスコヴィアの台頭を許した。この17世紀後期の共和国の混乱は、のちに「大洪水時代」と称された。

「大洪水時代」の混乱を利用し、ドイツ騎士団に起源を持つプロイセンが共和国より独立を果たした。このプロイセンはポーランドにとって新たな

序章　中世の幕開け

第1章　中世　軍事技術に見る

第2章　フランス

第3章　ドイツ

第4章　スイス

第5章　スペイン

第6章　中世ロシア国家

第7章　ポーランド

第8章　ユーゴスラヴィアの形成

脅威に成長することになる。戦後の共和国では、国王ヤン2世（位1648～68）が軍事費の拡大を核とする改革に着手しようとしたが、「黄金の自由」を護持するシュラフタ（あるいはマグナート）の反発によって挫折した。

　18世紀にはポーランド継承戦争（1733～35）が生じ、これはフランスやオーストリア（ハプスブルク君主国）、ザクセンといった諸国を巻き込んだ末、ザクセン選帝侯であったアウグスト3世が即位した（位1734～63）。アウグスト3世は国政に関心が薄く、共和国は文化が爛熟（らんじゅく）した一方で国家の腐敗は誰の目にも明らかであった。

　1764年に、共和国はスタニスワフ2世アウグストを国王に迎えた（位～95）。スタニスワフ2世はロシアの宮廷でのちに女帝となるエカチェリーナ2世の愛人となり、彼女の後援もあって王位を手にした。エカチェリーナ2世はスタニスワフ2世を通じて共和国への介入を強めようとしたが、スタニスワフ2世は共和国の国制改革に着手した。改革の白眉となったのが、シュラフタの議会における拒否権の廃止であった。しかし、ロシア皇帝エカチェリーナ2世は、駐ポーランド大使ニコライ・レプニン公を通じてこの改革を妨害した。スタニスワフ2世は国内の反対派に誘拐されるなどして改革は挫折した。

　スタニスワフ2世の改革が挫折すると、ロシアはプロイセンとオーストリアを誘って第1回ポーランド分割を敢行した（1772）。この期に及んでも、ポーランドのマグナートは自らの権益を優先したため、3国への組織だった抵抗はできずに終わった。この分割ののちも、スタニスワフ2世は改革を諦めなかった。およそ20年越しの1791年、共和国では「5月3日憲法」が議会で採択された。内容は、世襲による立憲君主政、シュラフタの特権の廃止、リトアニアとポーランドの完全な国家統合などが定められ、これはヨーロッパで最初となる近代憲法でもあった。

だが、ロシアのエカチェリーナ2世はこの憲法に断固として反発し、彼女が手懐けていたマグナートたちを通じて介入を図った。親ロシアのマグナートらは東部のタルゴヴィツァ（現ウクライナ、ホロヴァニウスク・ライオン）に結集し、ロシアの救援を求めた。これに応じるという形で、エカチェリーナ2世は共和国に出兵し勝利を得た。

共和国ではアメリカ独立戦争で活躍したタデウシュ・コシチュシュコ（コシューシコ、1746〜1817）が軍を率いて抵抗したが、1年の奮戦虚しくロシア軍の軍門に降った。1793年に、共和国はロシアとプロイセン軍により軍事占領され、両国によって第2回ポーランド分割が強行された。1794年にはコシチュシュコが民衆を率いて最後の反乱を起こしたが、これもロシア軍によって鎮圧された。1795年に、3回目のポーランド分割がロシア、オーストリア、プロイセンにより敢行され、共和国ひいてはポーランド国家は消滅した。

中世を通じて、ポーランドは様々な強敵と接し、これに対抗する過程で、ヨーロッパ有数の民主国家としての道を歩んだ。ポーランドに多大な影響を与えたのはドイツ人であり、カトリックの受容、王国の形成、そしてドイツ人の東方植民とドイツ騎士団の進出は、ポーランドの歴史そのものを決定付けるものであった。一方でポーランドのカトリック受容とリトアニアとの連合は、当時のヨーロッパの在り方と大きく関連するものであった。十字軍思想に裏付けられた東方植民やバルト系諸民族との抗争は、近世・近代以降のヨーロッパの世界進出の第一歩とも言える事象であった。

そしてこの「拡大するヨーロッパ」が具現化された東ヨーロッパを舞台に、ポーランドにはのちの「黄金の自由」の端緒が作られた。確かにポーランドにおける「民主政」の発達は、最終的に国家の崩壊を招いたが、それでも末期の「5月3日憲法」に見られる近代的な国制の整備は、ヨーロ

序章　中世の幕開け

第1章　中世　軍事技術に見る

第2章　フランス

第3章　ドイツ

第4章　スイス

第5章　スペイン

第6章　中世ロシア国家

第7章　ポーランド

第8章　の形成　ユーゴスラヴィア

ッパのどの国にも先立つものであった。意欲的な条項が盛り込まれた「5月3日憲法」は、1年を待たずしてその効力を事実上失ったが、以降のポーランド人たちにとっては、ナショナリズムの拠り所のひとつとなった。「5月3日憲法」はポーランド民主政のひとつの完成形であり、その後もポーランド人のアイデンティティを支える役割を担ったのである。

ユーゴスラヴィアの形成

―バルカンのスラヴ諸民族の興亡―

　1991年6月、バルカン半島西部のユーゴスラヴィア社会主義連邦共和国は解体の危機に直面した。当時のユーゴスラヴィア社会主義連邦共和国の構成国であったスロヴェニアとクロアティアの両共和国が独立を宣言し、「本国」の連邦人民軍との間で武力衝突が生じたのである。これが、このちユーゴスラヴィア戦争として知られる、一連の戦闘の始まりとなった（従来、この戦争は「ユーゴスラヴィア内戦」あるいは「ユーゴスラヴィア紛争」と呼ばれてきたが、今日では当事者間の中立的な観点から「戦争」と称することが望ましいとされる）。

　ユーゴスラヴィア戦争によって、まず同年のうちにスロヴェニアとマケドニアが独立を達成し、クロアティアは連邦人民軍のみならず領内のセルビア人との熾烈（しれつ）な内戦が1998年末まで続いた。さらにボスニア・ヘルツェゴヴィナもユーゴスラヴィアからの独立を明確にしたが、これはボスニア人、クロアティア人、セルビア人のそれぞれが民族浄化をともなう凄惨な戦争となった。ボスニア戦争（ボスニア内戦）はNATO軍の介入を経てデイトン合意により終結を見た（1995）。

　ボスニア戦争の終結により、スロヴェニア、クロアティア、マケドニア、ボスニア・ヘルツェゴヴィナがユーゴスラヴィアより分離し、1992年より「本国」はユーゴスラヴィア連邦共和国（いわゆる新ユーゴ）として再編された。この新ユーゴもまた、2003年にはセルビア・モンテネグロに再編され、2006年にはさらにセルビアとモンテネグロもまた分離すること

になり、こうしてかつてのユーゴズラヴィア社会主義連邦共和国は、6つの独立国となった。2008年にはセルビアよりコソヴォ・メトヒヤ自治州がコソヴォ共和国として独立を宣言したが、コソヴォの独立はまだ充分な国際承認を受けるにいたっていない。

　このユーゴスラヴィア戦争は、「冷戦」後最大の民族紛争としてよく知られているが、一方で、旧ユーゴスラヴィア構成国の諸民族——セルビア人、クロアティア人、ボシュニャク（ボスニア）人など——は人種的には同一であり、彼らの使用する言語もほぼ同一のものとも言える。彼らはいずれもスラヴ人の一派である「南スラヴ人」に属し、民族移動の過程で枝分かれし今日の民族集団を形成したのである。この南スラヴ人が様々な民族集団を形成する要因が、中世という時代において生じた。南スラヴ人の居住したバルカン半島は、東ローマ帝国やローマ・カトリック諸国の影響を絶えず受けた結果、多くの勢力が盛衰する舞台となったのである。

南スラヴ人の形成

　のちに南スラヴ人と称されるグループは、バルカン半島に移住したスラヴ人の一派である。スラヴ人の起源や原住地の問題から論争の余地はあるが、概ねヴィスワ川とオドラ（オーデル）川の間（今日のポーランド西部にほぼ相当する）と、カルパティア山脈からドニエプル川までの地域（今日のウクライナにほぼ相当する）の2つの地域にその起源を持つものとされる。この2つの地域に起源を持つスラヴ人のうち、6世紀になるとドニエストル川を境に西にスクラヴィニ、東にアンテスという集団が居住していたことが、東ローマ帝国の記録から読み取れる。このうちスクラヴィニが、徐々にバルカン半島へ南下を開始し南スラヴ人を形成する契機を作る。

　しかし、当時バルカン半島の一帯は東ローマ帝国の支配下にあった。東

ローマ帝国は、14世紀までほぼドナウ川以南のバルカン半島を支配し続け、必然的にスラヴ人と対峙することになった。6世紀後半にアジア系遊牧民であるアヴァール人が東ヨーロッパに出現すると、ドニエストル川流域のスラヴ人はアヴァールの支配下に置かれ、彼らと共同ないし単独で東ローマ支配下のバルカンに進出した。スラヴ人たちは各地の東ローマの拠点を攻略し、あるいは不法定住を繰り返すことでバルカン各地に住み着くこととなった。6世紀半ばに地中海再統一を果たした東ローマ帝国であったが、このときの外征がもとで国力が疲弊し、この疲弊に乗じるようにスラヴ人はバルカン各地やエーゲ海にすら進出した。スラヴ人は部族ごとに共同体を構築し、農耕民として各地に定住するようになった。

このドニエストル川流域のスクラヴィニに起源を持つ集団に対し、パンノニア平原（今日のハンガリーを中心とする平原地帯）を経由してバルカン西部より南下したスラヴ人集団が、のちにセルビア人、クロアティア人、スロヴェニア人を構成することになる。セルビア人とクロアティア人の起源は、北カフカスに居住したサルマティア人（イラン系遊牧民族）がスラヴ人に吸収され同化したという説が有力であり、東ローマ帝国の記録によるとヘラクレイオス1世（位610〜41）がアヴァールに対する防衛のために彼らを領内に招き入れたという。

一方でスロヴェニア人は、アヴァール人の支配下に置かれたが、8世紀にアヴァールが衰退するとカール大帝率いるフランク王国の支配下に置かれた。スロヴェニア人はフランク王国と神聖ローマ帝国の支配下でフランク教会の布教によりローマ・カトリックを受容した。スロヴェニア人は中世を通じて国家を形成することはなく、その居住域は大部分がオーストリアとハンガリー王国の支配下に置かれ、残る地域はヴェネツィア共和国の領土となった。

序章　中世の幕開け

第1章　軍事技術に見る中世

第2章　フランス

第3章　ドイツ

第4章　スイス

第5章　スペイン

第6章　中世ロシア国家

第7章　ポーランド

第8章　ユーゴスラヴィアの形成

東西教会による布教活動

　ローマ・カトリック教会は、ローマ帝国の東西分裂よりアリウス派の拡大に対抗するために積極的な布教活動を繰り広げていた。なかでも「大教皇」と称されたグレゴリウス1世（位590～604）は、アングロ・サクソン人をはじめとするゲルマン諸族への布教活動を展開したことで知られる。一方で東ローマ帝国でも、9世紀にキュリロスとメトディオスの兄弟をモラヴィア（現チェコ東部）のスラヴ人地域に派遣し、正教会の普及を図った。

　このときキュリロスによって考案された文字がグラゴール文字であり、のちにキリル文字に発展した。カトリックと正教会の活動はまさに「布教合戦」ともいうべき様相を呈しており、実際にキュリロスとメトディオスが布教を進めていたパンノニア地域は、ローマ・カトリックのザルツブルク司教の管轄地域でもあり、しばしば東ローマのギリシア人主教とカトリックのドイツ人司教との間に対立が生じた。

　東ローマ帝国の布教はバルカン半島に進出したスラヴ人に対しても同様であった。7世紀より南下し東ローマ帝国の支配を受け続けていたセルビア人は、次第にギリシア正教への改宗が進んだ。セルビア人の国家形成に大きな影響を及ぼしたのが、ブルガリアの存在であった。7世紀にテュルク系遊牧民であったブルガール人が黒海北岸に出現し、「大ブルガリア」と呼ばれた部族国家を建設した。大ブルガリアはテュルク系の遊牧国家であるハザール＝カガン国に征服されたが、ハザールの征服を免れた一派はドナウ川下流域に移住し、この地に第1次ブルガリア帝国を建国する。第1次ブルガリア帝国は、7～11世紀にかけて断続的に東ローマ帝国に襲来し、この東ローマとブルガリアの抗争の過程でセルビア国家が頭をもたげ始める。

序章
中世の幕開け

第1章
中世 軍事技術に見る

第2章
フランス

第3章
ドイツ

第4章
スイス

第5章
スペイン

第6章
中世ロシア国家

第7章
ポーランド

第8章
ユーゴスラヴィアの形成

11世紀前期のセルビア人の族長ヴォイスラヴが東ローマより独立を達成し、このセルビア国家は現モンテネグロのゼータを中心としたためゼータ王国と呼ばれる。ヴォイスラヴの子ミハイロは東ローマ皇帝に対抗するためローマ・カトリックに接近し、1077年に教皇より王冠を授けられた。しかし、最盛期を築いたボディン（位1081〜1101頃）の没後はジュパと呼ばれた地方政権（首長領）に分断され、東ローマ帝国に征服されるに至った。このときボスニアがセルビアより分離し、こちらはハンガリーの支配下に置かれることになった。

　一方でクロアティア人はさらに複雑な状況に置かれた。クロアティア地域は9世紀初頭にカール大帝の支配下に入ったが、アドリア海に面したカタロ、ラグーサ（ドゥブロヴニク）、スプリト、ザラといった諸都市は高度な自治権を有しながらも、名目上とはいえ東ローマ帝国の宗主下にあった。

　このためフランク教会によるカトリック布教が進んだが、一方で東ローマ帝国とギリシア正教会の影響も無視できないものがあった。11世紀よりアドリア海域にはヴェネツィア共和国の勢力も食い込むことになり、クロアティアは東ローマ、ハンガリー、ヴェネツィアを交えた四者による勢力争いが続く。

セルビア王国の隆盛とクロアティア王国のハンガリー臣従

　セルビアやクロアティアといった南スラヴ人たちは、中世盛期を迎えてもなお部族国家としての性質を強く維持していた。セルビアはゼータ王国の末期よりジュパの権勢が強まり、国家は事実上の分断に陥ったことで、東ローマ帝国の支配を受けることになった。1168年に南西部のラシュカのジュパとなったステファン・ネマニャ（位1168〜96）は、東ローマ帝国の内紛に乗じてセルビアのほぼ全域の統一に成功した。

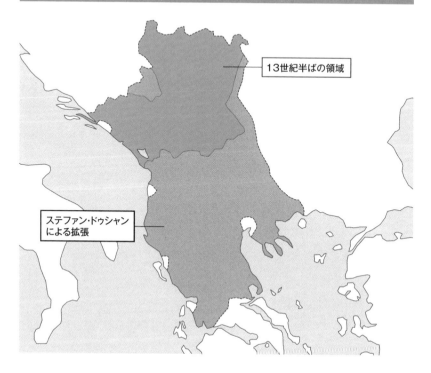

図20　中世のセルビア王国

13世紀半ばの領域

ステファン・ドゥシャン
による拡張

　これにより彼は、中世セルビアに繁栄をもたらすネマニッチ朝の開祖となった。ステファン・ネマニャの次男ステファンは、東ローマ帝国に対抗するためローマ教皇に接近し、教皇より王冠を授かっている。

　ネマニッチ朝により再度独立を果たしたセルビアであったが、それでも東ローマ帝国をはじめ、第２次ブルガリア帝国やハンガリーなど、近隣を強大な勢力に囲まれ、こうした勢力との抗争に忙殺された。ネマニッチ朝には特筆すべき君主が２人おり、１人はステファン・ウロシュ３世（デチャンスキ、位1321〜31）で、一族の内乱を平定し、ヴェルブジュドの戦いでブルガリアから決定的な勝利を得た。ブルガリアに対するステファン・ウロシュ３世の勝利は、バルカン半島におけるセルビアの優位を確立させ

たものであった。

　ステファン・ウロシュ3世は治世末期に子のステファン・ドゥシャン（ステファン・ウロシュ4世、位1331～46）により廃位され、代わって即位したステファン・ドゥシャンがセルビア王国に全盛期をもたらすことになる。ステファン・ドゥシャンは国内ではドイツ人を鉱業に従事させ、銀、鉄、鉛などの産出と交易で経済を発展させた。

　また、東ローマ帝国の内紛を利用して領土を東に大きく拡大し、14世紀前期にセルビア王国は紛れもなくバルカン半島で最大の勢力となった。ステファン・ドゥシャンはセルビア主教ヨアニキエを総主教に昇格させ、「セルビア人とローマ人の皇帝」を称し総主教より戴冠を受けた。

　このほか、ステファン・ドゥシャンは聖俗諸侯からなる身分制議会にあたる「サボル」を初めて招集し、その上でドゥシャン法典を制定した。この法典は、東ローマ帝国のローマ法とセルビアの慣習法を融合させたものであった。

　クロアティアは部族単位の共同体として長らく国家を形成せずにいたが、族長ヴラニミルが879年に東フランク王国の支配より脱した。ヴラニミルのクロアティアは教皇からも独立国家として承認され、10世紀を迎えるとトミスラヴ王（位910頃～28）がフランクやマジャールを破りクロアティアの統一国家を建国した。しかし、クロアティアもまたジュパンと呼ばれた土着の族長の権勢が強まり、王権は脆弱なままであった。トミスラヴや孫のズヴォミニルの没後に内紛が生じるなど、クロアティアはしばしば混乱に見舞われ、なかでも後者の没後の内紛でクロアティアはハンガリー国王ラースロー1世（位1077～95）の仲裁を仰いだ。ハンガリーのアールパード王家がクロアティア王家と姻戚関係にあったためである。

　ラースロー1世の仲裁より、ハンガリーのクロアティア支配が強まった。ラースロー1世の後継者カールマーン（位1095～1116）はクロアティ

序章　中世の幕開け

第1章　中世　軍事技術に見る

第2章　フランス

第3章　ドイツ

第4章　スイス

第5章　スペイン

第6章　中世ロシア国家

第7章　ポーランド

第8章　ユーゴスラヴィアの形成

アの反乱を鎮圧し、1102年には現地のジュパンらと協定を結び、クロアティア・ダルマティアの王として戴冠した。このときカールマーンは「バン」と呼ばれるクロアティアの統治者をジュパンのなかから任命した。これによりクロアティア人にはバンのもとで自治が許されたが、一方でクロアティア王をハンガリー王が兼任するという、一種の同君連合体が形成されることになった。クロアティアはハンガリーの隆盛とともに繁栄を享受し、14世紀にハンガリー王ラヨシュ1世（位1342〜82）がヴェネツィア共和国をダルマティアから排除すると、クロアティアはアドリア海交易で大いににぎわうことになった。

　一方で、ボスニア人と呼ばれた南スラヴ人の一派は、バルカン西北部の山岳地域でいくつかの地方政権を形成したが、統一は進まないでいた。ボスニアはクロアティア、ブルガリア、東ローマ帝国と支配者が目まぐるしく交替し、12世紀にはクロアティアと同じくハンガリーの支配下に置かれ

図21　ボスニア王国

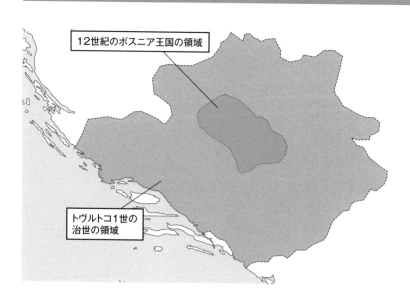

12世紀のボスニア王国の領域

トゥルトコ1世の治世の領域

た。しかし、ボスニアの情勢はやや複雑で、ハンガリーの支配権はボスニアに充分浸透せず、実質的な統治は現地の「バン」と呼ばれた首長により担われていた。

また、クロアティアやハンガリーの支配によりカトリックの布教が進んだが、南部のフム地方（15世紀よりヘルツェゴヴィナと呼ばれる）は14世紀にセルビア王国のステファン・ドゥシャンにより征服されたことで、ここに東方正教会（セルビア正教）が入り込むことになった。14世紀後半に、スチェパン・トヴルトコ1世が国王を称してボスニア王国が自立を果たし最盛期を迎えたが、彼の死後にボスニアは急速に勢力を後退させることになる。

オスマン朝のバルカン進出

東ローマ帝国の衰退を受け、14世紀のバルカン半島ではセルビア王国やボスニア王国の隆盛を見たが、セルビアをはじめとする南スラヴ諸族は同世紀後半より新たな勢力に直面することになる。それが、アナトリア（小アジア）に勃興したオスマン朝（オスマン帝国）であった。今日のトルコ共和国に位置するアナトリアにテュルク（トルコ）系民族が本格的に進出したのは11世紀のことであった。西トルキスタン（中央アジア）に起源を持つトゥルクマーンという遊牧集団が、11世紀にセルジューク朝を建国し、イスラーム世界に大帝国を打ち立てた。

トゥルクマーンはオグズとも呼ばれるモンゴロイドとコーカソイドの混血民であり、以降のイスラーム世界で様々な王朝を建設することになる。セルジューク朝はイラン・イラクを征服して1055年にバグダードに入城し、その君主は「スルタン」の称号を授かった。さらに、1071年にはマラーズギルト（マンジケルト）の戦いで東ローマ帝国に大勝し、アナトリアの大半を奪い取った。このマラーズギルトの戦勝により、テュルク系のア

序章 中世の幕開け

第1章 中世 軍事技術に見る

第2章 フランス

第3章 ドイツ

第4章 スイス

第5章 スペイン

第6章 中世ロシア国家

第7章 ポーランド

第8章 ユーゴスラヴィアの形成

ナトリア入植が本格化することになる。

　セルジューク王家の傍流（王位継承抗争により王族としての地位は剥奪されていた）にあたるスライマーン１世は、セルジューク朝のスルタンであったマリク・シャーよりアナトリア統治を命じられ、1077年に独立政権を成立させた。このアナトリアにスライマーン１世が建設した政権は、ルーム・セルジューク朝と呼ばれる。

　ルーム・セルジューク朝は西を東ローマ帝国と接しており、さらに11世紀末より十字軍の断続的な遠征に晒された。ルーム・セルジューク朝は1176年にミュリオケファロンの戦いで東ローマ帝国に大勝してアナトリアの支配を確立し、13世紀前半に最盛期を迎えた。しかし、内紛の激化にともない13世紀後期にモンゴル（フレグ・ウルスないしイルハン朝）に服属を強いられ、ルーム・セルジューク朝の君主権は衰退を余儀なくされた。これにより、ベイ（君侯）と呼ばれた地方領主の台頭を招き、アナトリアは実質的にベイの支配領（ベイリク）が各地で割拠し分断状態となった。

　モンゴルが中東の大半を支配したことで、イランやトルキスタンから難民が押し寄せた。アナトリアのベイたちはこうした難民を「ガーズィー（宗教戦士団）」として組織し、自身の勢力拡大に大いに利用した。こうしたガーズィーを率いた頭目であったエルトゥールルは、アナトリア北西のソユトの地を授かりルーム・セルジューク朝よりベイに任命された。

　エルトゥールルの息子オスマン１世は、ルーム・セルジューク朝より独立を宣言し、これによりオスマン朝が建国されたものとする。初期のオスマン朝はガーズィーを率いて国境地帯の略奪を繰り返し、その対象となったのが東ローマ帝国であった。オスマン朝は同じムスリムかつテュルク系のベイリクの統一よりも、東ローマ帝国との抗争を進め、これはジハードいう名目で宗教的な正当性が与えられた。こうしてオスマン朝は、草創期より東ローマ帝国との戦いを通じて、バルカン半島への進出を果たすのである。

オスマン朝の君主でバルカン征服を本格化させたのが、3代君主のムラト1世（位1360～89）であった。ムラト1世は1363年にアドリアノープル（現トルコ西部のエディルネ）を攻略し、3年後にこの地は首都となった。これに続いてフィリッポポリスを攻略すると、教皇ウルバヌス5世は東ローマ帝国を支援するべく十字軍を呼びかけたが、ムラト1世はこの十字軍をマリツァ川の戦いで撃破した（1364）。

オスマン朝の快進撃が続く一方、直前まで繁栄を極めていたセルビアは、ステファン・ドゥシャンの死後、急速に衰退した。その理由のひとつが、ドゥシャン法典であった。この法典ではジュパの封建領主としての地位が確認され、具体的には領主はセルビア皇帝から条件保有地（プロニア）と世襲地の所有が法的に認められた。プロニアは東ローマ帝国のプロノイア制に影響を受けたものと思われ、領主に土地の所有・徴税権を認める代わりに、軍役などの奉仕を要求するというものであった。ドゥシャン法典により地方における地位を確立した封建領主らにより、セルビア王国は国家の実質的な解体が14世紀後半より顕著となった。同様の傾向はボスニア王国などの他のバルカン諸国にも見られ、高度な集権体制を整備しつつあったオスマン朝に対し、地方勢力による分断が進むバルカン諸国は次々とその軍門に降った。

オスマン帝国とボシュニャク人の形成

1371年に2回目のマリツァ川の戦いがセルビア王国とオスマン朝の間で生じ、今回もまたオスマン朝の大勝に終わった。この戦闘の直後にセルビアではネマニッチ朝が断絶し、王国は封建領主らの自立によって事実上分断された。危機的な状況下のセルビアをかろうじてまとめ上げたのがラザル公であった。

序章　中世の幕開け

第1章　中世軍事技術に見る

第2章　フランス

第3章　ドイツ

第4章　スイス

第5章　スペイン

第6章　中世ロシア国家

第7章　ポーランド

第8章　ユーゴスラヴィアの形成

ラザル公率いるセルビア諸侯連合は、ボスニア王スチェパン・トヴルトコ1世とも同盟し、ムラト1世率いるオスマン軍に決戦を挑んだ。これが1389年のコソヴォの戦いである。コソヴォの戦いはオスマン軍の圧勝に終わり、ラザル公は戦死しトヴルトコ1世は敗走した。伝承によれば、ムラト1世はこの戦闘の終盤にミロシュ・オビリッチという人物に暗殺されたというが、この人物の実在性と暗殺については議論の余地がある。いずれにせよ、ムラト1世は戦闘終結を目前に没するが、以後のオスマン朝のバルカン半島における圧倒的な優位を確立することになった。

　オスマン朝は1402年にアンカラの戦いでティムールに大敗して一時空位となるが、15世紀初頭に再興され、バルカンでの失地を回復しつつあった。オスマン朝は15世紀半ばまでにバルカンの大半を再征服し、1453年にはメフメト2世がコンスタンティノープルを攻略し、この都市に遷都した。メフメト2世はボスニア王国にも攻勢をかけ、王国を滅亡に追い込み1466年までに征服をほぼ完了させた。さらに16世紀にオスマン帝国の最盛期を築いたスレイマン1世は、1521年にベオグラードを攻略し、これによりセルビア全土がオスマン帝国に完全に併合された。また、1526年にはモハーチの戦いでハンガリー王国に大勝し、ハンガリーのほぼ全土を支配するに至った。ハンガリーがオスマン帝国に征服されたことで、クロアティアもまたオスマンの支配を受けることになる。

　こうして16世紀半ばまでに、バルカン半島の諸勢力はオスマン帝国の支配下に置かれることとなった。オスマン帝国のバルカン支配は、最初はキリスト教徒の君主を据えた属国の地位を与え、そののち直轄領に組み込むというもので、現地の慣習に則りながら徐々にオスマン帝国の制度を浸透させるという、古代ローマのローマ化を彷彿とさせるものであった。最盛期のオスマン帝国では、帝国の住民はムスリム・非ムスリムを問わず、（理念上は）スルタンに仕える臣民として2つに大別された。

ひとつは軍務や政務に従事し税を免除されるアスケリー（ほぼ公務員に相当する）、もうひとつは納税者たるレアーヤーである。レアーヤーはアスケリーを通じてスルタンの保護を受け、その支配体制は絶対王政と呼ばれた近世ヨーロッパ国制とは比較にならないほど高度に集権化されたものであった。また、アスケリーをはじめとする政治エリート層の出自は多様であり、従来はこうした他民族支配に対し「ミッレト制」という呼称が与えられてきたが、その実態はイスラーム国家の伝統に基づいた統治機構の延長であった。

オスマン帝国のバルカン支配により、バルカン半島各地にもイスラーム教が広まることになった。オスマン帝国は基本的にイスラームへの強制改宗を推進することはしなかったが（アルバニアの山岳地帯などは例外）、アナトリアのテュルク系諸族がスルギュンと呼ばれた強制移住により、バルカン各地に行政官や軍人として赴任し、一部は次第に土着化した。このテュルク系ムスリムとの接触により、バルカン各地で長い時間をかけ漸次的に改宗が進んでいった。このときにイスラーム教を受容した南スラヴ人は、のちに独立した民族グループとしてボシュニャク人あるいはムスリム人と呼ばれるようになる。

ボシュニャク人は民族的な故郷を、かつてのボスニア王国の領域にあたるボスニア・ヘルツェゴヴィナに求めた。しかし、ボスニア王国の時代に「ボスニア人」と呼ばれた住民たちには、正教徒のセルビア人やカトリックのクロアティア人も含まれ、この地域はボシュニャク人、セルビア人、クロアティア人がほぼ拮抗するように居住することになった。
「ボスニア人」という呼称は混乱を招きやすいため、本書では中世のボスニア王国期の住民のみを「ボスニア人」とし、現在のボスニア・ヘルツェゴヴィナに居住するイスラーム教徒からなる住民は「ボシュニャク人」と呼んで区別している。

179

中世から近代へ──ユーゴスラヴィアの成立と展望

　オスマン帝国によるバルカン支配は概ね安定を見せたが、1600年頃を境に帝国の支配体質に変容が生じた。この時期にオスマン帝国は西方でオーストリア、東方でサファヴィー朝という２方面での戦役が展開され、これにより軍事支出が増大した。さらに、大航海時代により新大陸から大量の銀がもたらされたことで価格革命が生じると、貨幣価値が下落し定額地代を収入源とする地方のシパーヒー（初期にオスマン帝国の軍の主力となった騎士階層）の困窮が相次いだ。こうした事情から、農民への収奪が各地で強まり、各地で中央政府に対する反乱や暴動が生じるようになった。このシパーヒーの没落は、ベイ（総督ないし知事を意味する）の権限強化をもたらし、ベイのなかには大規模な私設軍を擁する者も現れた。

　また、オスマン帝国とヨーロッパとの通商が拡大するにつれ、キリスト教徒の商人が商取引の仲介者としてオスマン経済で重要な地位を占めるようになった。16世紀後半より、バルカン半島ではファナリティオスと呼ばれる商人貴族層が形成され、その有力家系は17世紀より正教会共同体の要職をほぼ独占した。このヨーロッパ諸国との通商を通じ、なかでも西欧より様々な思想がバルカンのキリスト教徒社会に流入すると、キリスト教徒の共同体は次第に閉鎖的になった。反イスラーム主義や反ユダヤ主義が顕在化し、一方で既存の宗教帰属は絶対化した。この宗教帰属が、今日に至る民族意識の形成に重要な役割を果たしたのである。

　こうしたなかで、19世紀初頭に２度にわたるセルビア蜂起が、そして1821年にはギリシア独立戦争が始まった。だが、こうした運動は必ずしもナショナリズムや民族意識の高まりによって生じた出来事ではなかった。19世紀にバルカン各地で国家体制の整備が進み、独立を達成したギリシアをはじめ、セルビア、モンテネグロ、ワラキア、モルドヴァでは強権的な近代化を進めようとする王権と、地方領主や自由主義的な知識人・官僚ら

序章　中世の幕開け

第1章　中世　軍事技術に見る

第2章　フランス

第3章　ドイツ

第4章　スイス

第5章　スペイン

第6章　中世ロシア国家

第7章　ポーランド

第8章　ユーゴスラヴィアの形成

との対立が見られた。

　こうした近代化政策の一環として重視されたのが、教育制度の普及であった。近代ヨーロッパにおける教育制度の２大支柱は言語（国語）と歴史である。この時期にセルビア人とクロアティア人の共通言語としてセルボ・クロアティア語が創出され、南スラヴ人の言語的統一が進もうとしていた。また、「民族」の存在理由を歴史に求める歴史主義が横行し、この肥大化した歴史主義は国家による拡大主義に大いに利用された。近代以降のバルカンの各民族主義者らによって唱えられる大セルビア主義、大ブルガリア主義、メガリ・イデア（大ギリシア）などの理念は、中世までの歴史的な領域にその根拠を求めることが多かった。

　セルビアでは民族主義の高揚により、1389年のコソヴォの戦いを「神格化」する動きが見られた。コソヴォの戦いでのセルビア諸侯の敗北は、セルビア人の民族意識の拠り所となり、このような文脈でコソヴォはセルビア民族主義の「聖地」となった。そのコソヴォ地方は、第２次ウィーン包囲に始まる大トルコ戦争（1683〜99）で一時期オーストリアが進出しセルビア人もオーストリアのこの動きを支持した。しかし、オーストリアは最終的にコソヴォより撤退した。オーストリア撤退後もセルビア人はオスマン帝国への反抗を続けたが、その都度オスマンにより鎮圧され、最終的にコソヴォのセルビア人の３万7000世帯がこの地を去ることになった。

　代わってオスマン帝国は、イスラーム教徒のアルバニア人の入植を進め、セルビア人の「民族的な要地」であるはずのコソヴォはアルバニア人が多数派を占めることとなり、今日までその状態が維持されている。

　また、大トルコ戦争の講和であるカルロヴィッツ条約では、ハンガリーがオスマン帝国からオーストリアに割譲され、これによりクロアティア人やスロヴェニア人は以降はオーストリア・ハプスブルク家の支配を受ける。

セルビアは1878年にルーマニア、モンテネグロとともにオスマン帝国より独立を達成し、当初ブルガリアへの影響を強めたロシアに反発してオーストリアに接近した。しかし、1885年にブルガリアにセルビアが敗北すると、セルビア国内では代わって反オーストリアの世論が強まった。2度のバルカン戦争でナショナリズムが高まったセルビアは、1914年にサラエヴォの銃弾から始まった第一次世界大戦で、さらなる領土拡大（すなわち大セルビア主義の実現）を目指した。

　他方で大戦さなかの1915年、オーストリア・ハンガリー帝国を構成する南スラヴ人指導者らは、パリで「ユーゴスラヴィア委員会」を設立した。「ユーゴスラヴィア」とは「南スラヴ人の地」を意味し、この委員会は1917年にオーストリアの支配下にあったクロアティア人やスロヴェニア人らはセルビア人をも交えた国家創設の合意を取り付けたのである。

　1918年に第一次世界大戦は終結し、オーストリア・ハンガリー帝国の解体にともない、セルビア王国を母体に「セルブ・クロアート・スロヴェーン王国」の建国が宣言された。この王国は、セルビア、モンテネグロ、クロアティア、スロヴェニアといった南スラヴ人からなる国家であったが、1917年の合意に際しては国家運営の方針については採択されなかった。このため中央集権主義と連邦主義による国内対立が避けられないものとなった。この国内対立は「クロアティア問題」としばしば言い換えられ、セルビア人中心の国家を目指す王国政府と、自民族の自治権強化を訴えるクロアティア人との対立が最大の争点となった。

　王国の議会ではクロアティア人政党の進出をセルビア系政府が阻むという図式が成立し、1928年にクロアティア共和農民党の党首スチェパン・ラディッチが議会内で暗殺されると、国王アレクサンダル1世は同年のうちに国王独裁を宣言した。翌1929年にアレクサンダル1世は国名を「ユーゴスラヴィア王国」と改称するに至った。

　ユーゴスラヴィア王国は第二次世界大戦でナチス・ドイツの侵攻を受け

たが、この侵攻でナチス・ドイツが利用したのもユーゴ国内の民族間対立であった。ナチス・ドイツはクロアティア人を支援してユーゴ全土を掌握したかに思われたが、他方でヨシプ・ブロズ・ティトー（父はクロアティア人で母がスロヴェニア人）は人民解放軍を組織してパルチザン闘争を展開し、ナチス・ドイツの撃退に成功した。これによりユーゴはティトーの主導下に「ユーゴスラヴィア社会主義連邦共和国」として再編されることになった。

「ユーゴスラヴ（南スラヴ）」と総称された諸民族は、中世においてその民族としての方向性が定まりつつあった。東西両教会の布教とオスマン帝国の進出により、南スラヴ人は様々なグループに分かれたが、これらのグループは必ずしも今日でいう「民族（ネイション）」に相当するものではなかった。それでもなお、多文化の共生の難しさを、この地の歴史は雄弁に物語っている。かつてのユーゴスラヴィアという国家はほぼ完全に解体されたが、セルビア系住民やコソヴォ問題といった課題は今なおこの地域を悩ませている。民族とは、そして民族という概念の展望とは。中世における南スラヴ人の動向は、未来の世代に絶えずこうした問いかけを続けているのである。

序章　中世の幕開け

第1章　中世　軍事技術に見る

第2章　フランス

第3章　ドイツ

第4章　スイス

第5章　スペイン

第6章　中世ロシア国家

第7章　ポーランド

第8章　ユーゴスラヴィアの形成

装丁：西垂水敦・市川さつき（krran）
カバー素材：moonrise by stock.adobe.com
　　　　　　artbalitskiy by stock.adobe.com
本文図版：WADE

〈著者略歴〉

伊藤　敏（いとう・びん）

1988年、東京都に生まれる。筑波大学卒、同大学院にて修士号を取得し、博士後期課程単位取得退学。高校非常勤講師や塾講師を経て、2019年より代々木ゼミナール講師として首都圏や北海道などで予備校講師として活動。板書での図解、なかでも正確無比な地図の描写と、「世界史の理解」を信条とした解説に定評がある。趣味は素描画、喫茶店めぐりなど。
著書に、『歴史の本質をつかむ「世界史」の読み方』（ベレ出版）がある。

ビジネスエリートが知っておきたい
教養としてのヨーロッパ史

2023年5月10日　第1版第1刷発行

著　者	伊　藤　　　敏	
発行者	永　田　貴　之	
発行所	株式会社ＰＨＰ研究所	

東京本部　〒135-8137　江東区豊洲5-6-52
　　　　　　ビジネス・教養出版部　☎03-3520-9615（編集）
　　　　　　普及部　☎03-3520-9630（販売）
京都本部　〒601-8411　京都市南区西九条北ノ内町11

PHP INTERFACE　https://www.php.co.jp/

制作協力 組　版	株式会社PHPエディターズ・グループ
印刷所 製本所	図書印刷株式会社

© Bin Ito 2023 Printed in Japan　　　　　　ISBN978-4-569-85449-6

ＰＨＰの本

激変する世界の変化を読み解く

教養としての地理

資源、エネルギー、貿易、産業、交通……20年前と比較して世界の地理は劇的に変化した。豊富な図版で地理から時代の流れを読み解く。

山岡信幸 著

定価 本体一、六三〇円
（税別）

ＰＨＰの本

教養としての「日本列島の地形と地質」

橋本　純　著

47都道府県の大地の歴史を図版とともに解説。日本列島の地形、地質がどのようにできあがったのかがわかる。防災にも役立つ一冊。

定価　本体一、八五〇円
（税別）

ＰＨＰの本

教養としての宇宙生命学

アストロバイオロジー最前線

田村元秀 著

生命はどこで生まれたのか？ 宇宙に生命の痕跡をめざし、探査機を送る各国。第二の地球を探す取り組みを多くの写真や図版で解説する。

定価 本体一、八〇〇円
（税別）

ＰＨＰエディターズ・グループの本

教養としての「世界史」の読み方

本村凌二 著

歴史は「人類の経験」の集大成。現代を読み解くヒントは、世界史の中にある。グローバル時代に必須の「教養世界史」の読み方を解説。

定価 本体一、八〇〇円
（税別）

ＰＨＰエディターズ・グループの本

教養としての「ローマ史」の読み方

本村凌二 著

ローマはなぜ世界帝国になれたのか。繁栄が続くとなぜ人は退廃するのか。現代を考える大きな羅針盤となるローマの歴史に学ぶ。

定価 本体一、八〇〇円（税別）

ＰＨＰエディターズ・グループの本

教養としての「フランス史」の読み方

国民国家、ナショナリズム、世界大戦、移民問題、ＥＵの未来……。フランス史の中に現代を読み解く鍵がある。現代人必読の書。

福井憲彦 著

定価 本体二、〇〇〇円
（税別）

ＰＨＰ文庫

世界のエリートが学んでいる哲学・宗教の授業

佐藤 優 著

筑波大学の人気講義を紙上再現！「仏教では、世界の起源をどう考えている？」など、世界レベルの教養が短時間で一気に身につく1冊。